China in the new era

新百年 新中国

张维为 著

人民东方出版传媒
東方出版社

图书在版编目（CIP）数据

新百年新中国 / 张维为 著 .—北京：东方出版社，2021.3
ISBN 978-7-5207-1903-2

Ⅰ.①新… Ⅱ.①张… Ⅲ.①政治—研究—中国 Ⅳ.① D60

中国版本图书馆 CIP 数据核字（2020）第 251171 号

新百年新中国
（XIN BAINIAN XIN ZHONGGUO）

作　　者：张维为
策 划 人：黄　娟
责任编辑：郭建霞
责任审校：谷铁波　曾庆全
统　　筹：吴玉萍
出　　版：东方出版社
发　　行：人民东方出版传媒有限公司
地　　址：北京市西城区北三环中路 6 号
邮　　编：100120
印　　刷：北京联兴盛业印刷股份有限公司
版　　次：2021 年 3 月第 1 版
印　　次：2021 年 4 月第 2 次印刷
开　　本：710 毫米 ×1000 毫米　1/16
印　　张：13.5
字　　数：180 千字
书　　号：ISBN 978-7-5207-1903-2
定　　价：60.00 元
发行电话：（010）85924663　85924644　85924641

目录

引言

建构中国话语，读懂中国崛起

这些年来，我一直致力于用中国人自己的话语来解释中国，让更多的人读懂中国。但读懂中国不是一件容易的事，因为这个国家太大了。中国是一个超大型的国家。如果从人口规模角度来算的话，欧洲国家的平均人口大概是 1400 万，而中国的总人口接近 14 亿。中国大致上是 100 个普通欧洲国家加在一起的规模。所以读懂中国往往面临一个“盲人摸象”的窘境，每个人摸到的都只是大象的一部分——我摸到它的耳朵，我就说它像一个大扇子；你摸到它的鼻子，你就说它像一个圆筒。大家都对自己所掌握的某一个局部信息信誓旦旦，但其实都是不全面和不准确的。

要想真的读懂中国，首先要理解人均的问题。比如，如果天气预报说新加坡今天平均气温 35℃，大家都会认为可靠，因为新加坡的国土面积只有 724.4 平方公里，各地温差不大。但如果说中国今天平均气温 35℃，大家就不会真的把当天温度看成是 35℃，因为中国幅员辽阔，有约 960 万平方公里的国土面积，东北平原和海南岛肯定不是一个温度。

我们经常听到有人用“我国经济总量很高，人均 GDP 还比较低”之类的话来解读中国的现状，讲得多了，几乎成为一种潜意识上的共识。但这种解读方法其实面临一些挑战。

一个挑战就是，我们的社会指标总体上其实是不错的。比方说中国人的中位家庭净资产，特别是我国发达板块的，已经超过美国了，老百姓的家底比较丰厚。很多中国人实际上比美国人生活得好。另外从人均预期寿命、社会治安、人民对国家的满意程度来看，也会发现类似的情况。中国人均 GDP 根据官方汇率统计并不是很高，但是我们的社会指标和百姓的满意度，在国际上比较起来，总体还是比较高的。

这可以从多个角度来解释。一个角度是，这正好证明了我们制度的优越性。另一个角度，也是我觉得比较重要的一点，就是我们 GDP 的计算方法与国外是有一些差异的，至少跟美国人用的方法不完全一样。比如我们农村的大量经济活动、城市的街头产业链，我们很多的服务业实际上并没有被纳入统计范围。所以我推测，可能是我们的统计方法，导致我们对自己的 GDP 有所低估。这只是我的一家之言，供大家参考。

我有时也在想一个更大的问题：我们对中国的解读，怎么才能从西方的指标体系中解放出来？西方的很多指标，是在西方的社会实践中，或者西方自己的理论中产生的，现在直接应用到中国的实际中，往往会导致对中国产生各种各样的误读。比如西方国家经常用的一个指标就是出境人数。根据我们的正式统计数据，2017 年中国出境人次是 1.3 亿，这已经是世界上最大的出境人数了。但实际上我觉得还是有点保守。举例来讲，我们从北京坐飞机到上海需要大约两个小时，这个时间在欧洲至少能飞过十个国家，因为欧洲都是小面积国家。所以在中国，严格地从经济能力来说，凡是能够坐飞机坐高铁的，都是有能力出境的，特别是用欧洲标准来衡量的话。

另外，我们经常听到“中等收入陷阱”这个词，这是世界银行提出的概念，我自己从来不用。世界银行的报告会讲，某年有 13 个国家或经济体已经成功地越过了中等收入陷阱。我去看这是哪些国家，发现居然有赤道几内亚，还有毛里求斯。赤道几内亚的人均 GDP 十来年前就超过北京、上海，达到 2 万美元。但是，至少在 15 年前，赤道几内亚的城市居民还是有一半连自来水都用不上的。后来这个国家发现了石油，吸引了一些外国公司去投资，人均 GDP 一下子就上去了。另一个国家毛里求斯，面积很小，相当于我们国家一个县的大小，靠经济旅游一项，它的 GDP 就可以上来，但碰到一场危机，GDP 就下去了。它们的情况，真的可以用“超越中等收入陷阱”来解释吗？

所以我觉得跨国比较要有一个规模的概念，否则恐怕连读懂中国的门都进不去。把小国家跟中国放在一起比，有点像把蚂蚁和大象放在一起比，这样得出的结论，是很难令人信服的。小国家有长处也有弱点。我的一位新加坡朋友说他们现在人均 GDP 是挺高，却如履薄冰，假如发生一个类似“9·11”的事件，新加坡就完了。真是这样的。它不像中国，有承受各种各样灾难的能力。中国即使发生了汶川地震这样的大灾难，国家经济也还是纹丝不动的。这就是大小规模不一样而产生的特点。

做跨国比较，我觉得还是要用实事求是的方法。我自己做政治学，知道在政治学等社会科学方面，西方主流学者做了很多努力，但是由于种种原因，他们还是读不懂中国。以政治学为例，西方主流学者对中国的预测几乎都是错的。他们不仅没有准确地预测中国的发展，甚至没有预测到苏联的解体，更没有预测到特朗普的上台。西方主流的经济学者几乎都没有预测到 2008 年的金融危机。西方各种所谓社会科学套用自然科学，套用各种各样的数学模式的方法，现在看来，根本无法解决人类社会丰富性和复杂性带来的挑战。

所以我老说中国学者或者我们整个学界，应该结束为西方话语“打工”的时代，所谓“破”字当头，“立”在其中，用实事求是的方法，在解构西方话语的同时，建构中国自己的话语。

读懂中国，需要有一种实事求是的精神和方法，需要前瞻性地研究问题。究竟中国现在发展到什么阶段，我们的指标体系要做哪些改进，特别是在“一带一路”规划下，中国以这么大的规模走向世界。我们需要了解发展中国家，了解非洲，了解拉美，了解西方，准确地把握形势，这样才能形成一种真正的定力。我觉得这个定力是最重要的。

当然，我们还需要了解自己，准确认识到我们制度和模式的先进之处和特色之处。我在做节目时，有观众提问：“改革开放40年来，中国的发展肯定有很大部分归功于我们稳定的政治秩序。但是在此期间，也出现了很多新兴利益集团，它们可能有不同的利益诉求。中国模式是怎么把这些不同的新兴利益集团吸纳到现有的政治制度当中去，让它们的利益诉求得到合理表达的呢？”

这是个很有水平的问题。我当时的回答是：如果你仔细看，实际上江泽民主政时期提出的“三个代表”，很大程度上就是为了解决这个问题。因为其中一个代表是“代表最广大人民的根本利益”。而且中国共产党是向新社会阶层开放的，我不知道马云是什么时候入党的，但不管怎样，马云也是中国共产党的一员。

在我们国家的政协里面，有个界别，就是新社会阶层。中国用什么方法把他们纳入政治系统（或者我们称之为协商民主系统）的？首先，是使他们成为我们协商民主的一部分。

另外我觉得我们党有一个很好的传统是“从群众中来，到群众中去”。我举一个简单的例子，比方说现在滴滴打车在中国是合法的，但在德国就是不合法的。因为Uber到德国之后，跟现有的出租车行业形成了冲突。对此，西方最典型的做法就是打官司。西方是所谓的法治社会，但只要在那里生活过你就知道，它一般是有利于既得利益团体的，一般来说这个官司大概率是出租车行业赢。最终结果是 Uber 被禁止了。我知道现在德国和法国都是这样的。但中国是把滴滴合法化了——虽然它有不少问题，但是我们愿意在发展中来解决新出现的问题。

这里一个重要的条件就是，我们有一个协商民主的机制。滴滴可能在政协、在人大、在中国共产党中央委员会都没有代表，但它反映了一种新的社会需求或者新的利益。这是执政党要考虑的问题。民意来了之后，我们把滴滴的经营者和出租车的经营者都请到市政府来座谈，了解他们的诉求，我们也进行调研。几个来回之后，找到了一个大家都能接受的方案——传统出租车行业能接受，滴滴能接受，公众也能接受。这就是协商民主的成功案例。可能之后还会出现很多问题，但是这些问题都会在未来发展中逐一解决。我举这个例子，就是想说明我们这个系统有办法来处理这些问题。

在解决地区差异和贫富差距方面，我们也做了很多工作。我经常说，我们的指标体系要创新，不能完全用基尼系数，中国是一个超大型的国家，要有新的指标体系。中国大致是这样：改革开放之初，邓小平提出了一个完整的概念，一个是让一部分地区先富起来，带动其他地区富起来；一个是让一部分人先富起来，带动所有人实现共同富裕。这是他完整的论述。

现在回头看那句话的第一部分“让一部分地区先富起来，带动其他地区富起来”，我们基本做到了。过去将近 20 年，整个中西部地区发展都比沿海要快，这实际上也带动了当地贫困人口的脱贫。我们在 2020 年解决所有的照现在标准的贫困，这是很了不起的，我个人认为这是人类历史上的一个奇迹。中国现在 7.4 亿人脱贫了，所以这方面进步很大。

但是在“先富的人带动所有的人共同富裕”这方面，我们现在还在探索有效的方法。虽然已经探索出了一些思路，但是还没有做到最理想的状态。好在我们的目标非常明确，就是要实现共同富裕，而且在朝着这个方向努力。

现在国家在大力抓精准扶贫，这也是我们的一种特殊做法。精准扶贫的要求实际上是很高的。首先，贫困的人数要相对较少，如果有 7 亿贫困人口就没法搞精准扶贫。其次，政府能力要比较强，要能够管到基层。多数发展中国家现在还没到这个阶段。你要是实地考察过就会知道，一个典型的发展中国家，它的中央政府可能就能管一个首都。但是在我国，即使是贵州最穷的地方，那里的农民贫困户也都有银行卡，政府可以把钱打到他的卡上——这是现代管理的一个重要标志：数目字管理。所以中国能够提出精准扶贫。实际上，这是一个很不容易的事情，只有达到了相当高的水平才能这样做。

由于中国的 GDP 发展得很快，不少外国人认为，按照中国社会经济发展面临问题的严重性，早就应该陷入困境了。但现实情况是，我们不但没有陷入困境，反而取得了很大的发展。这也被很多西方学者称为中国经济之谜。为什么会有这个谜团呢？首先是因为西方读不懂中国。按照西方的逻辑，中国要崩溃。所以，基本上每两三年就有一个大的舆论，说中国即将崩溃。某些学者甚至把中国崩溃的预测精确到某年某月。这一次没发生，就再预测个日期。现在这已经被当成笑话讲了。

中国取得较大发展的背后，是中国形成了一整套自己的做法，我称之为中国模式，这是非常厉害的。这个模式不是十全十美，但是以现在这个水平已经可以和西方模式进行竞争。比方说，我们的经济是混合经济，包括进行战略规划的中央政府和竞争性的地方政府两个层面，再加上企业。一般国家的经济只有两个发动机，但中国经济有三个。在包容和创新方面，中国模式是具有极大能量的。

第一章

中国文化和文化自信

精彩的中国文化

我在谈中国或者中国崛起的时候，经常使用的一个形容词就是“精彩”。为什么呢？因为中国是一个文明型国家，中国崛起是一个文明型国家的崛起，而文明型国家是“百国之和”的国家，也就是历史上成百上千个国家慢慢整合起来，形成一个超大型国家。那么它的文化自然也是“百国之和”的精彩。而且这种精彩不仅是时间上的——数千年没有中断的伟大文明，而且是空间上的——发生在广袤的中国大地上。

中国人说“民以食为天”，我们不妨从餐饮文化切入来进行简单的国际比较。西餐中，公认比较好吃的菜是法国菜，但法国菜主要是法兰西一个民族的菜肴，而“百国之和”的中国，仅是最负盛名的就有八大菜系，其中任何一个菜系拿出来，其丰富性和多样性可能都超过法国菜系。再加上这些菜系的各种分支以及其他许多菜系，一切都是中国漫长历史上“百国之和”的产物，只能用“精彩万分”来形容。

其实餐饮文化只是中国文化丰富性的一个缩影，其他文化领域也类似，从文学到诗歌，从美术到戏曲，从音乐到建筑，从家居到民俗，物质遗产也好，非物质遗产也好，中国文化的丰富性举世罕见。随着中国迅速崛起，越来越多的国人开始体会到文明型国家崛起的无穷魅力，只要你具有一定的文化鉴赏力，中国大地上到处都是灿烂的文化风景线。

中国文化的精彩还在于其海纳百川、融多样为一体。中华民族在上下五千年的文明历史进程中，创造了气势恢宏、内涵丰富、延绵不断的文化成就。这些成就包括中国人崇尚的“天人合一”和整体主义，包括儒、释、道的互补。这是一种不同的宗教和文化可以互相包容、“大道并行不悖”的传统，与当今世界许多地方无休止的宗教冲突形成了鲜明的对照。中国仅是方言就有成千上万种，还有 56 个民族之间的差异，但在一个文明型国家内部，这种差异无比精彩，大家欣赏这种差异，热爱这种差异。这些差异都可以在中华文明“和而不同”的框架内，相辅相成，相得益彰。

此外，中国文化的精彩还表现为开放和时尚。随着改革开放的进行，中国国门大开，各种异域的文化元素纷至沓来，与中国文化碰撞，这种碰撞使中国文化更加精彩。它既是古老的，又是现代的，甚至是非常时尚的，比方说互联网来自西方，但在网络世界里，侠客传奇、三国、西游、水浒、封神、山海经都可以大显神通。与外界大规模的文化互动，激活了许多中国文化的意象和资源，激活了中国迅猛发展的文化创意产业，从视频作品到影视大片，从《流浪地球》到《哪吒之魔童降世》，从手机表情包到动漫、VR 等，都是如此。数千年绵延不断的历史无疑为我们提供了世界上最博大精深的文化资源。

人们经常问一个问题：为什么世界其他文明古国大都是中断的，唯有中国延续至今？现在看来主要原因大概就是文化。其他文明古国往往依赖军事征服，一旦这种军事征服的强力控制减弱之后，各个地方就走上独立之路。相比之下，中华文明的特点是一直拥有一个“相对稳定的、统一的文化核心”。有学者说，中国历史上形成了以中原为核心，以黄河和长江文化为主体，联合周围区域文化的格局。核心与周边的文化互相吸收，互相融合，逐步形成了“多元一体”的文化格局，延续至今。也就是说，我们的文化既有百花齐放的“多元”，也有互相交融的“一体”，可以说“多元一体”是中国文化延绵不断的真正秘诀。

2019 年 10 月，我们庆祝了中华人民共和国成立 70 周年，庆祝中国的伟大崛起。从文化角度看，正是中华民族勤劳、向上、坚毅等文化特质，铸就了中国崛起的辉煌。走遍全世界，中国人是世界上最勤劳的人民。两千多年前古人就讲“天道酬勤”，中国人创造的与勤劳有关的词语几乎都是褒义的，如勤奋、勤快、勤勉、勤俭、勤恳等。中国今天的成功就是一代接一代的中国人共同打拼出来的。

中国人向上，中国人的古训是“天行健，君子以自强不息”。无论在世界哪个地方，中国人总是想办法改变自己的命运，总在争取更上一层楼，用自己的汗水和智慧托起更加幸福美好的明天。

中国人坚毅，笃信“不经历风雨，怎能见彩虹”，遇到的外部压力越大，奋斗精神越足，民族的凝聚力越强。

所以，“吃苦耐劳”“奋发向上”“坚韧不拔”这些中国人的文化特质托起了这个伟大国家的崛起。网上曾流传过这么一段文字，写得挺好的：“一个民族总有些东西是不能亵渎的。天破了，自己炼石来补；洪水来了，不问先知，自己挖河渠疏通；疾病流行，不求神迹，自己试药自己治；在东海淹死了就把东海填平；被太阳暴晒就把太阳射下来……斧头劈开的天地之间，到处都是不愿做奴隶的人。这就是这个民族不可亵渎的东西。”这就是我们的文化信仰和民族精神。

随着中国的崛起，越来越多的外国人也开始感受到中国文化及中国崛起的意义，不少人主张要向中国学习。意大利前总理马里奥 · 蒙蒂先生在 2018 年就曾撰文呼吁“西方应学习中国人的长远眼光”，希望有一天西方能够找到一种方式，“使得我们能够具有像中国这样的长远眼光”。

早在 10 年前美国正经历严重金融危机的时候，《时代周刊》就发文探讨如何借鉴中国经验，文章写到“拥有五千年历史的古老中国在经济危机中仍然保持活力，而‘年轻’的美国却显得年迈虚弱，经济陷入不景气的泥淖中”，还提到今天的中国有五个方面值得美国学习：

一、明确大的发展目标，以举国之力投资基础设施建设。

二、投资教育，注重人才战略性的培养。

三、尊老养老的文化使得中国社会有很强的凝聚力。

四、培养一种健康的储蓄习惯。

五、民众可以通过自己的努力改变自己的命运。

这篇文章感叹中国的改革开放在数十年间改变了无数普通人的命运，使中国成为创造财富最快的地方。实际上，我们从以上这五个方面中，都可以看出中国文化的巨大影响：举国之力实现大目标的背后，是中国政治文化中历来比较重视政府的作用；注重教育是中国儒家文化的核心思想，这个影响延续至今，现在中国每年培养的工程师数量超过美国、德国和日本之和；尊老爱幼是中国孝道文化的延续和发展；储蓄习惯反映了中国人勤俭持家的生活方式，虽然现在年轻人的储蓄习惯可能有所削弱，但总体上还是远远高于美国，这为中国现代化建设提供了充沛的资金；努力改变自己命运这一条，更是我在前面讲到过的中国人“天行健，君子以自强不息”这种精神的体现，它包括了中国选贤任能不分高低贵贱的文化传统，也体现了当今中国的制度安排在总体上有利于普通人改变自己的命运。

文化自信离不开语言

谈文化自信，一定要谈语言，因为语言是一个民族的文化血脉。2018 年 9 月，我和新加坡资深学者马凯硕先生在上海有过一场对话，探讨亚洲智慧对世界的贡献。我们两人对多数问题的看法高度一致，但在涉及英语的问题上有一些分歧。马凯硕经常撰文谈印度的崛起，他认为印度现在和中国的差距还相当大，但印度最终也能追赶上来，一个原因是印度人的英文水平比较高。

对此，我有所保留。我说，我曾经读过印度开国总理尼赫鲁的回忆录，我发现他在治国理政中遇到困难的时候，往往首先写信给他在剑桥大学读书时候的英国同学，跟他们交流思想。可见，尼赫鲁的思维方法跟英国人相当接近。依我之见，绝大多数印度精英把西方世界的认可，特别是西方对印度所谓民主制度的认可，看成一个很高的标准，甚至是最高的标准。这和中国的政治领袖完全不一样。中国政治领导人一直认为，要探索适合自己民情和国情的制度安排，要借鉴西方的有益经验，但最终要超越西方。

毛主席也好，邓小平也好，他们不讲英语，只说中国话，而且还都带着浓浓的乡音。可能正是他们中国式的思维使他们没有陷入西方思维的陷阱。他们愿意学习西方的一切长处，但始终坚持不能失去自我。以邓小平为例，他 1978 年访问新加坡，受到很大触动，因为这时的新加坡与他 16 岁去法国勤工俭学时路过的新加坡已经完全不一样了，他回国后多次讲，要向新加坡学习，但同时他也说，在一些方面，我们要做得比新加坡更好。后来我对马凯硕先生说，我不否认在“术”的层面，印度人的英语比较好，可以方便印度人借鉴西方文明中有益的东西，但在“道”的层面，恐怕英国人的思维方法使印度政治精英和政治领导人难以完全跳出西方的思维方式。

我记得德国哲学家海德格尔曾说过这样的话：语言是存在的家园，语言本身显示一个世界。换言之，我们说语言，语言也在说我们。我注意到中文和西方语言的一个重要差别大概如此：学过英文的人可能都知道，最头疼的是背单词，如果你要流畅地阅读《纽约时报》，大约需要掌握两万个单词，没有这么多单词量的话，会读得很累；但中文不一样，中文的核心汉字就是三千来个，这些汉字可以形成无穷无尽的组合，表达无穷无尽的意思。我觉得，某种意义上，这种文字差别可能反映了中西方两种文化的差别。我个人认为，中国文字的最大特点是“求同”，比方说，凡是与水有关的东西，就加上“三点水”，如江、河、湖、海、洋；凡是与金属有关的东西，就加上“金”字偏旁，如银、铜、铁、锡，对于所有不同的东西，我们都力求发现它们之中的共同之处。但与汉字不同，西方文字的最大特点是“求异”，对每一样东西，它往往都要创造一个专门词语来表述，所以西方语言对词汇量的要求特别大。

我想这一点可能对于我们理解中国政治文化和西方政治文化的差异也有帮助，对我们治国理政也有启发。比方说我们如果沿着中国“求同”的思路来处理各种矛盾，成功的概率一般会大一些。只要在人民内部矛盾的范围内，无论是邻里矛盾、地区矛盾、单位矛盾、劳资矛盾、官民矛盾，只要我们能够把重点放在寻求各方的共同利益上，求同存异，解决矛盾的效果一般比较好，因为中国人有“求同”的文化基因。反之，如果放弃自己的传统，转而采用西方“求异”的模式，效果可能会差一些。当然，我们也可以借鉴西方“求异”文化中的一些东西，用好了也可以产生好效果，事实上我们也是这样做的；但我们千万要防止邯郸学步，不要人家的东西还没有学会，自己的好传统已经丢掉了。

这又使我想起了在国家现代化的进程中现代化与文化传统之间的关系，特别在文字的问题上，中国曾经有过曲折的经历。19 世纪中叶，英国发动的鸦片战争强行打开了中国的国门。中国当时确实被西方强大的军事力量和物质力量所震撼了，导致很多中国人失去文化自信，甚至产生了中国需要全盘西化的呼声。这方面比较极端的例子就是要求废除汉字，认为汉字阻碍了中国的现代化。

但经过一个多世纪的探索，中国人已经看到，自己的文化传统其实是现代化事业的宝贵资源。我们可以自信地坚持中华文明本位，同时也汲取他人之长，与时俱进，最终实现符合中国民情和国情的现代化，实现一种中国人真正喜欢的现代化。中国语言文字的演变也展示了中国文化与时俱进的能力。

一个民族的语言文字是一种民族精神的反映，是民族认同的一个重要利器。保持了汉语，就保持了中国文化的根。在国家现代化的进程中，汉语实际上一直与时俱进，它汲取了其他文字的某些长处。从文体修辞到语法词汇，汉语都吸收了大量外国元素。白话文、汉语拼音等方面的创新，大大方便了汉语的学习和推广。掌握简体字与阅读繁体字也没有太大矛盾，虽然不一定能写，但阅读是很容易的。

现在看来，今天的汉语一点都不落伍，反而十分传统又非常时尚。它能够翻译世界上所有的人文科学著作，能够与现代科技完全兼容，在互联网为标志的新工业革命时代，甚至展现出一些独特的优势。为什么中国在移动互联网时代一下子走到了世界的最前沿？这当然有我们技术方面的巨大进步，但一定也有文化方面的原因。比方说，为什么中国出现了“微信革命”？我想一定是微信契合了中国人的某种文化偏好。我首先想到的是中国人的“圈子”文化。这里的“圈子”是个中性词，没有贬义，也没有褒义，只是客观描述。最简单的例子就是，中国人可以随时拉一个群，开始交流。在西方文化中这要难得多，他可能要征求每个人的“授权”才可以拉群。相比之下，中国人在这方面的态度要开放包容很多。这本身也是中西方文化的一个重要差别。

另外一个原因可能就是中西方文字的差别。我曾经比较过《联合国宪章》六种联合国官方语言的版本：中文、英文、法文、西班牙文、俄文和阿拉伯文。中文本是最薄的，也就是说，中文具有西方语言或者其他语言难以企及的简洁明快，中国的方块字还超级紧凑，中文还有一些其他西方语言难以达到的特点，比方说丰富的形象，这些特点使中文特别适合移动互联网时代的沟通：同样大小的手机屏幕，中文的信息量大概是西方语言的两到三倍，而且中文的拼音输入比英文输入速度还要快。中文还是一字一音，语音输入的速度更快于西方语言。

所以中文既是一种古老的语言，同时又能够与时俱进。我联想到，近代由于种种原因，我们不少人一度失去文化自信，喊出废除汉字的口号，现在回头看，肯定是过头了。一旦与时俱进，中文似乎完全可以适应现代化，特别是适应移动互联网的使用，所以我们成了引领世界移动互联网革命的国家。那么我们今天是否可以反观西方，如果移动互联网的确代表了一个时代的话，西方的语言，英文也好，法文也好，德文也好，怎么适应这个时代呢？西方是不是也要提出自己的语言与时俱进？我觉得这是一个很有意思的问题。

我记得有人提过，中国人似乎缺少信仰，缺少宗教情怀。中国的老百姓不一定信教，但依我之见，中国人的文化和信仰就蕴藏在中国的文字中。一个中国人，只要学会了中文，能够听说读写，能够使用一两百个成语，中国文化的基本元素往往就融化在他的血液中了，他就学会了许多做人做事的基本道理，比如与人为善、自食其力、勤俭持家、好学不倦、自强不息、同舟共济等。当你走遍世界的时候，你就知道中国文化中的这些基本信念是多么珍贵。它不仅使中国能以人类历史上闻所未闻的速度和规模崛起，而且使中国社会保持了比西方社会更多的温馨和更强的凝聚力。世界上多少民族的文化中就是缺少了那么一些基本信念，结果发展毫无起色，甚至一个接一个成了扶不起的阿斗。我们要做的就是通过教育，把中国优秀的传统价值更多地激发出来，从而使我们的社会变得更加积极向上。

这使我想起了习近平主席多次表述过的一个观点："文化自信是更基础、更广泛、更深厚的自信。"在政治层面，文化自信为我们的道路自信、理论自信和制度自信打下了最深厚、最扎实的基础。在生活层面，中国人应该是世界上最幸运的人，因为我们拥有世界上最丰富的、取之不尽用之不竭的文化资源。在西方你看到一座山，它就是一座山；在中国你看到一座山，它里面全是文化，全是意境，全是我们先人留下的足迹和感悟。什么叫精彩？这就是精彩，这就是中国。

文化传播要"入脑入心"

中国的崛起是21世纪最引人注目的大事，尽管西方主流媒体竭力诋毁中国，但"青山遮不住，毕竟东流去"。今天走到世界任何地方，中国商品、中国游客、中国投资、中国公司……中国的存在感无处不在，中国的崛起已经震撼了世界。从世界历史发展的经验来看，大国崛起几乎伴随着自己文化影响力的崛起，世界文化中心也往往随着国家崛起而不断转移。例如18、19世纪时，欧洲国家的崛起带来了欧洲文化在世界范围内的扩散。到了20世纪，随着美国崛起，美国文化的影响也在世界范围内扩散。今天中国正在迅速地走向世界政治和经济舞台的中央，这必然带来中国文化在世界范围内的崛起。

这些年孔子学院在世界各地成立，中国文化节在世界各地举办，中国的影视、音乐、舞蹈、美术、动漫作品等纷纷走出国门，国内的很多汉语节目也通过互联网走向海外，受到了海外华人和许多外国人的欢迎。但总体上看，我们文化传播的影响力还远远跟不上中国崛起的步伐，我们还有很多工作要做，还可以大有作为。虽然中国文化走出去势头很好，文化传播的平台日益增多，但最大的问题恐怕还是传播的深度不够，形象地说就是“入脑入心”不够。

我个人认为，要传播好中国文化，要入脑入心，恐怕需要在两方面下功夫。一是力求在生活层面和情感层面触动别人，甚至嵌入受众的日常生活和情感生活。中华文明从没有中断，中国文化最精彩的一面往往就是它的“活化”，它活在中国普通百姓每天的生活之中，活在中国人的情感之中。二是要从各种文化元素中提炼出对人类具有普遍意义的东西，找出那些可以引起人类广泛共鸣的价值，只有这种具有普遍意义的东西或者叫共同价值，才更能够打动人。那么这个提炼过程本身也可以帮助我们提升文化自信，也可以丰富我们乃至整个人类的文化生活和精神世界。

为了更好地传播中国文化，我在这里和大家先讨论一些思路，然后再用一些案例来说明。

第一个思路是“打通内外传播”。现在中国出境的人数已经是世界最多的了，每年至少有1.5亿人次出境，在海外的留学生也是世界最多的。在互联网时代，谁都可以是一个自媒体。在国际大众交流方面，人人都可以是一个中国文化走出去的使者。只要我们具备发自内心的文化自信，这种自信本身就可以感染别人。我们可以增加国人理性的、源于内心的自信，从而推动中国文化，包括中国政治文化和中国政治话语，走向世界。

第二个思路是从“道”出发来把握“术”。我们都知道中国文化博大精深，从不缺少各种具体的文化元素，如功夫、旗袍、茶等，但在推广传播中，往往给人的感觉是形象比较单一，翻来覆去老是这些东西。原因恐怕是我们只把这些元素当作元素来处理，而未能充分传达这些元素背后那些整体的、深层次的、精神层面的、具有普遍意义的东西。其实中国文化是最讲究“文以载道”的，我们要发掘这些元素背后的“道”，在“道”的层面推动文化传播。

第三个思路是从“新”到“旧”。我这里讲的从“新”到“旧”主要是两个意思：一是指从中国的当代成就来看；二是指采用新的技术新的手段。我们要发掘今天中国现代化巨大成就背后的文化渊源，我们还要利用新技术新手段来推动文化传播。我这里说的文化传播，不是指专业的或者类专业性质的交流，而是以普通公众为对象的文化传播。

下面我想用一些案例来说明这几个思路，包括对现有成功经验的一些总结，也包括对改进文化传播的一些思考和建言。

第一个案例是从“新”到“旧”。中国以高铁为代表的现代工业奇迹、以微信为代表的移动互联网奇迹、以北斗卫星导航系统为代表的高科技奇迹、以电子商务为代表的“互联网+”奇迹等，实际上已经给整个世界带来了震撼。我们应该努力去揭示这些中国现代化的代表性成就与中国

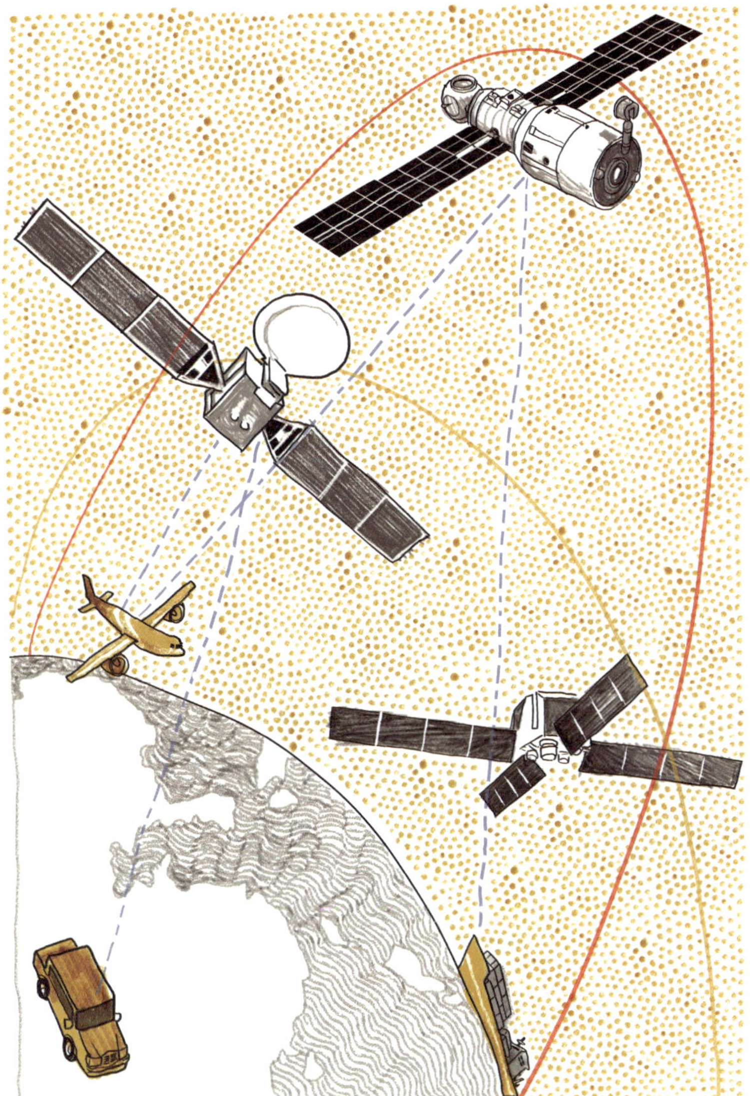

▲ 北斗卫星导航系统示意图

传统文化之间的关系。这既有利于我们提升文化自信，也有利于扩大中国文化的国际影响。西方话语的一个核心概念就是所谓的“现代性”。我曾多次讲过，中国现代化的巨大成就，特别是更高效、更便利、更人性化、更个性化等，正在某种意义上重塑“现代性”的概念，而这一切的背后几乎都有中华文明与时俱进的传统基因。比方说我们通过自己的研究，可以揭示中国高铁“八纵八横”的奇迹与中国历史上伟大工程的深层关系。历史上，大运河、万里长城、茶马古道、陆上丝绸之路、海上丝绸之路等等，某种意义上都属于中国作为一个超大型国家的跨地域工程，学术界也称之为“线性文化”。它承载着中国的人本主义精神、中国人热爱和平的精神、中国人开天辟地的奋斗精神，以及这样的文化传承。

我们也可以从文化角度切入讲述开发高铁的意义。我看到民间已经有一些高手把中国的高铁图夸张地画成一张张城市的地铁图，再配上“美景美食全攻略”，他们的文字是这样写的：“在杭州灵隐寺烧香拜佛，去梅家坞发发呆，喝一杯新茶，然后再寻一碗舌尖上片儿川。在南昌鄱阳湖观鸟，登滕王阁观江景，街头来一碗美滋美味的瓦罐汤……”这无疑是介绍中国文化丰富多彩的一个很好的切入口。

微信也是中国领先世界的一个领域，我在谈文化自信时已经讲过，可以从文化角度进行解读，例如微信的普及与中国文字的关系。汉字曾经被认为是阻碍中国现代化的，但汉字确实在与时俱进。在当前的移动互联网时代，它以自己独特的优势，特别是高度凝练、紧凑的特点，在面积有限的手机屏幕上能够表达多元的意思，承载更多的信息量。我们还可以从微信的迅速普及、抖音和快手的流行等角度，来解释中国文化的特点和魅力。

第二个案例还是从“新”到“旧”，也就是用新的技术手段来“活化”

传统文化。比方说中国古代绘画产生了大量的精品，但国人和外界对此知之甚少，许多国人甚至只知道西方文艺复兴以来的美术作品，而对自己国家的美术作品了解得非常有限。所以我们不妨通过高科技和互联网技术，向海内外更好地推送中国杰出绘画作品，并且通过这些作品来揭示古代中国人的生活水平、审美情趣和精神世界。比方说上海世博会的时候，我们用高科技手段将古画《清明上河图》“活化”，这是一个非常成功的案例。我当时去了世博会三次，我就站在这幅画面前，跟随画面上一个个古人穿街走巷，造访一家家千年前的商铺、客栈……夕阳下的街景，还有油灯闪烁的夜市，给人无限的遐想。

而同时代的欧洲，哪里有如此繁华富裕的城市？哪里有这种情趣盎然的生活？我们当时的开封是世界上唯一的百万级人口的城市，相比之下，当时的伦敦只有 5 万人。再看今天中国的盛世繁荣，从上海的新天地、淮海路，到成都的春熙路，再到新疆的喀什老城，可以说 21 世纪的“清明上河图”，遍布在祖国的每一座城市。

再如中央美院的毕业生杨春，他把深藏在故宫里的许多宋代古画复活了。他选取《芙蓉锦鸡图》《果熟来禽图》等多幅宋朝经典书画，临摹下来，整理成作品，后来被拍成动画短片《美丽的森林》，成为中国传统艺术与现代动画完美结合的代表，展现了天人合一的精神境界。当你看到一只小鸟从古画中突然飞了出来，它给人带来的惊喜和快乐是语言难以形容的。现代的动漫技术、VR 技术、抖音、快手等，都为底蕴深厚的中国文化走向社会、走向世界提供了新的机遇。

第三个案例是从“术”来揭示背后的“道”。我特别喜欢中国的老建筑，包括古村落、古建筑。难能可贵的是，中国古建筑的优秀传统，不仅为知识精英所掌握，还为千百年来无数普通工匠日常所实践，这背后是对中国传统文化“技道合一”的伟大传承。中国木工的榫卯技术就体现了中国传统阴阳和谐的理念。《庄子》中有不少哲学寓言，也都是以工匠为背景，例如庖丁解牛、梓庆削木为鐻等。这部书描述了一批工匠和手艺人在技艺上达到炉火纯青的地步后，在精神上就会呈现一种无限自由的状态，达到天地万物与我并生的精神境界。换言之，中国人的传统哲学思想，是和生产劳动、人民生活紧密结合在一起的。工匠们可以通过制作家具、建造房屋、修建水利工程等，展示一门技艺，展示一种“道”。在提倡工匠精神的今天，发掘技艺背后的精神世界，我觉得具有很大的正面意义。

第四个案例是如何更好地呈现中国的公共文化空间。中国人民热爱生活，中国文化最大的特点是活在百姓的日常生活中。来中国访问的外国人，往往会被中国人民朝气蓬勃的生活所打动——从晨练太极拳，到菜市场的热闹，到茶楼品茗，到夜市的繁华，都会打动他们。这里我要特别提一下中国的公共文化空间，在中国的社区和公园，每天都有各种各样自发的、半自发的文化活动，如合唱、表演、琴棋书画等。这些无不反映出中国人民对生活的热爱，而且也可以反映出这种热爱背后的“道”：中国人的精神面貌、中国的妇女解放、中国的退休制度、中国的养老体系、中国的社区服务等等。

我觉得我们甚至可以把中国的广场舞和社区合唱这一类活动，作为一个现代中国的文化符号，通过我们的视频、纪录片和网络传播出去，让世界各国都可以看到中国普通百姓的文化生活和社区生活。这种丰富多彩的生活和乐观向上的精神面貌，会打动世界上很多人。

顺便说一句，“大妈”这个词已经进入了英语的金融词汇。很多西方人也开始关注中国“大妈”现象。“大妈”是中国一个特别潇洒的群体，相当程度上体现了中国妇女解放的成功。她们除了喜欢跳广场舞，很多人

▲ 晨练

还掌握着家中的财权，这在很多西方国家是不可思议的。她们才 50 来岁就已经退休，在多数西方国家也是不可思议的，因为那里的退休年龄往往是 67 岁。她们还经常到海内外各处旅游，是所谓“世界大串联”的组织者和生力军，从中国的天南海北到欧美自由行。中国“大妈”不懂什么深奥的经济学理论，但往往会从自己的常识判断出发，在国际黄金市场上与华尔街对决。有时候失手，有时候得手，可谓棋逢对手。因此，“dama”这个词也随之进入了英语的金融词汇。

第五个案例是要解决内外传播两张皮，我想可以叫“化西为中”。历史上佛教传入中国被中国化，英国人发明的乒乓球成为中国的国球，诸如这些都说明中国文化具有超强的兼收并蓄的能力。近代以来西学东渐，西方文化对中国的影响几乎无处不在。但随着中国的崛起，我有一个比较大胆的想法：我们能不能考虑有意识地推动“化西为中”？比方说，改革开放以来，中国城镇化发展迅猛，各种西式建筑风格几乎主导了中国的建筑设计。我们排除一些纯粹的崇洋媚外的因素之外，西式风格在中国不少地方受到欢迎，恐怕也是因为它满足了中国社会的某种实际需求。

以今天中国城镇化如此之大的体量，我们是不是可以把这个提上日程？即让欧式建筑变成具有中国魂的建筑，就像历史上中西合璧的上海石库门建筑一样。现在石库门成了上海城市建筑的一张名片，上海的新天地受到中外游客的欢迎，因为外国人从中看到了中国，中国人从中看到了外国；年轻人看到了历史，老年人看到了时尚。所以“化西为中”到了一定的程度，我估计名称都会改变，就像源于英国的乒乓球，它已经不是原来意义上的“桌球”“table tennis”，而是用 pingpong 这个词语。

我们还可以考虑在更广的范围内展开，比方说还可以推动西方古典音乐的中国化、西方乐器的中国化、西方服装的中国化等。我觉得真的可以考虑“化西为中”、中西合璧，可以举行一些创意大赛来推动这个进程。从这个意义上来看，一方面是认真对待和理解其他文化，包括西方文化，同时也结合中国的文化传统、中国人的文化偏好和实际需求，把外来物创造性地吸纳和融入中国自身的文化体系。这本身就可以展示中国文化兼收并蓄、推陈出新的特点。

其实，随着中国市场规模不断扩大，不少西方的舶来品已经主动开始了某种意义上的中国化过程。肯德基和麦当劳都开始推出一些中式套餐、早点；iPhone为了迎合中国消费者推出“土豪金”款式；《后天》《变形金刚4》等好莱坞电影已将拍摄场地放在中国或引入更多的中国元素，邀请中国演员参与等，这些发展对我们也有参考价值。

第六个案例是建构基于中国文化的指标评价体系。每个民族都有自己的文化偏好，文化自信的一个重要标志就是用自己的标准去观察和衡量世界，并做出自己的判断。我曾经讲过，我们可以考虑用中国人的史学研究标准，以“信史”来审视西方的历史。再比如我们可以考虑制定中国标准，来推动中国文化在国际上的影响力。现在中国已经成为世界上最大的游客输出国。中国国内有“大众点评网”这样的信息汇总和服务评价平台。在海外，也可以让中国游客来点评世界各国的方方面面。然后通过大数据分析，提出基于中国文化偏好的指标评价体系，包括餐饮水平、酒店水准、机场服务、航空服务、对中国人是否友善、商业是否便利、治安水平、数字化发展水平、网络水平，等等。我想这将有助于中国文化标准走出去，逐步在世界范围内推动某种面向中国文化偏好的转型，这也是用中国文化标准来影响世界。

第七个案例是我们可以编写或者录制一些简化版的汉语中国文化课程，比如图文课程、视频课程等。中国人学习英文，大部分人都达不到真正掌握的程度，当然也没有这个必要。但学习过程中，或多或少能够了解一些英美文化。汉语学习实际上也是这样。如何让学汉语的外国人也体会到汉字的美、中国文化的美？我觉得我们完全可以发挥文化创意，制作一批300～600个汉字量的配有大量动漫和视频形象的作品，将中国文化的方方面面介绍给外部世界。这样使稍微有些汉字基础的人，能够或多或少地体验到或者初步体验到中国文化的魅力。

第八个案例是要利用好互联网的新手段，充分发挥民间社会的能量，让民间文化活力大规模迸发。而且，更好地利用互联网，还有利于我们颠覆西方媒体对中国舆论的整体围剿和封锁。国内不少社交网站的叙事模式，是把中国文化掰碎了讲，利用照片、视频，甚至表情包来讲，采用年轻人的网络语言和叙事方式来讲，我觉得这些都是非常有益的。今天中国文化传播的对象很大程度上已经是世界范围内的“90后”“00后”，他们是互联网时代的原住民。对于他们而言，视觉化的故事和情感政治往往非常重要，这种影响力将是跨越阶层和国界的。我经常举一个例子，2016年的时候，在西方的Quora网站上，一个外国人问了个问题：为什么中国知识精英还不发动颜色革命？一位上海的女留学生回答得非常简单，她上传了一张浦东1990年的照片和一张浦东2010年的照片，然后写道：20年内，从一穷二白到今天这个样子，这是我的老家！我们看上去像受迫害、被洗脑、没有自由的样子吗？像要换一个更好的政府的样子吗？谢谢你的建议，我们中国制度运行得很好。

总之，随着中国的全方位崛起，中国文化海内外传播，将是一个蔚为壮观的事业。我们有义务也有能力推动这项事业取得更大的辉煌！

对话与讨论：坚持文化自信的原因

中国移动 4G 81% 下午3:47

对方正在输入…

？张教授，在道路自信、制度自信和理论自信之外，我们为什么还需要再坚持文化自信？

无论讲道路自信、理论自信、制度自信，还是任何其他自信，最终只有在文化上确立这种自信，才是真的靠谱。所以文化自信确实是最基础的东西。比如说理论自信，它背后讲的其实是马克思主义中国化——一定要中国化，如果没有中国化，理论自信往往是靠不住的。道路自信，说白了就是我们中国自己的一整套做法。这个做法里面包含了很多文化的元素，比如选贤任能，它和我们古代的科举制度、察举制度等都有关系，一脉相承。跟文化血脉建立联系之后，会发觉它是真正的自信，发自内心的自信。福山说文化肯定是趋同的，这是西方政治学和现代政治学的一个核心观点，他觉得大家都穿牛仔裤、喝可乐、吃麦当劳，最后大家都要选举，都要一人一票，实行多党制。但是，美国和中国，

中国移动
4G 81% 下午3:47
对方正在输入...
一个是麦当劳文化，一个是八大菜系文化，究竟谁整合谁？有文化自信之后，谈问题的视角就不一样了。

第二章

讲好中国故事
需要中国话语

震撼世界的中国高铁奇迹

中国的高铁事业近年来发展迅速，成就有目共睹。2016 年国务院发布的《中长期铁路网规划》中有一个“八纵八横”的高铁规划：“八纵”包括沿海、京沪、京港（台）、京哈－京港澳、呼南、京昆、包（银）海、兰（西）广八条通道；“八横”包括绥满、京兰、青银、陆桥、沿江、沪昆、厦渝、广昆八条通道。“八纵八横”可实现相邻大中城市间 1 ～ 4 小时交通圈、城市群内 0.5 ～ 2 小时交通圈，大大缩短了人们出行的时间，将主要的经济圈连成一片。而我们的高铁里程，实际上现在已经占到世界的三分之二，而且下一步还要发展。根据新的规划，到 2025 年，中国高铁里程数将达到 3.8 万公里。从现代化发展的历史角度来看，速度无疑是人类文明发展和生活水平提高的一个重要标志。当“八纵八横”的高铁网络把整个中国都连成一体的时候，它带给中国的绝不只是速度的改变，而是中国人时空观念的转变和生活方式的革命，是世界上最大的统一市场的形成，是全球现代化进程中中国标准的逐渐呈现。

对于中国高铁这个巨大的成绩，除了自豪之外，我自己另有一份回忆。2011 年，我出了一本书叫《中国震撼：一个“文明型国家”的崛起》。在书里，我专门写了中国高铁建设的奇迹。这本书的影响比较大，当时不少地方请我去做演讲。那年 8 月份，我应上海一个单位之邀，去他们那里演讲。在提问环节，有个媒体人提了一个颇为尖锐的问题，他说你难道不知道刚刚发生“7 · 23 高铁事故”吗？他挖苦我说，这难道也是“中国震

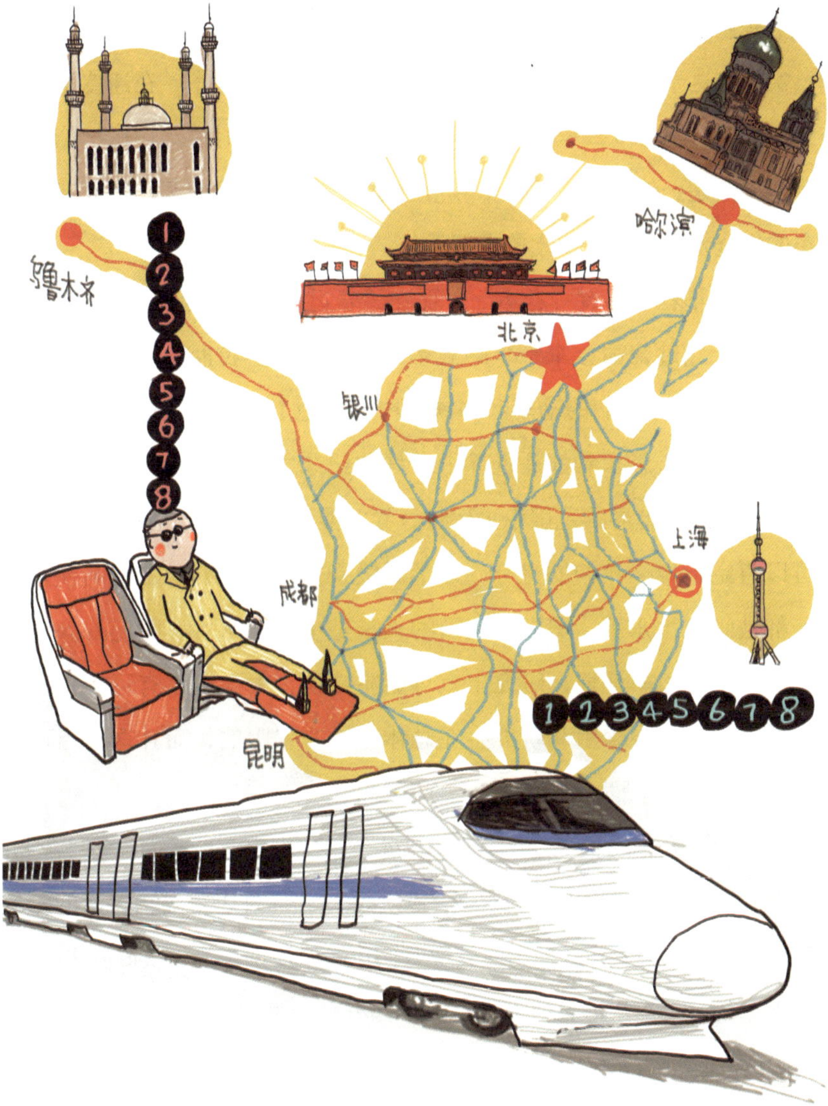

▲ 中国“八纵八横”高速铁路网示意图

撼”吗？

面对这样的问题，我说，这个事故肯定是个悲剧，我们需要调查，明确引起事故的原因和责任方之后，该怎么处理就怎么处理。我也跟他解释，实际上这不是高铁事故，而是动车事故。高铁和动车，在速度上是有差别的，以时速 250 公里为界限。我们在谈论事实的时候，应该把细节讲准确，讲清楚。然后我谈了一个非常坦率的看法，我说你要比较或者衡量火车的安全水平，要有一定的参照系。

中国每年春节都有“春运”，现在“春运”一般都是 30 多亿人次，大概率已经超过德国火车十年的载客人数或人次。我也查过相关数据，到 2011 年 8 月，我们的动车和高铁在中国大地上已经安全运行了五年。这样一个纪录，怎么看都是世界上最好的纪录之一。把我们的动车和高铁水平，放到全世界的范围中去比较，你才能更准确地给它打分。而且，我可以肯定地说，我们的得分，是学霸级别的。我们的动车和高铁，怎么着都是研究生水平；美国、英国的火车是中学生水平；印度的火车是幼儿园水平。坦率地说，研究生也可能犯错误，中学生也有可能指出研究生的错误，但中学生和研究生在总体上是有差距的，而且这差距还不一定能够很快被克服。

至于印度火车的状况，估计大家在各类媒体上也有所耳闻。在网络上，也经常看到大家拿它们开玩笑。我本人是实地去印度考察过很多次的。每天早上驶进孟买的火车，那场面就像我们小时候看的电影《铁道游击队》，车顶上、车门上都是扒着的人，每天不知有多少事故发生。而且，印度火车造成的死亡事故是以千人来计算的。

所以说，用少量的意外事故来否定中国铁路人为中国现代化事业做出的巨大贡献，缺乏全面和理性的思考和分析，是不可取的。你只盯着这一场事故，却看不到无数高铁建设者的努力和奉献，看不到中国高铁技术飞速的发展进步，看不到高铁在整体上给中国人民带来的便捷和变化。现在，我们国家在云贵高原这种很难建高铁和动车的地质环境中都修建了动车和高铁，这在国际上是非常先进的。我们的学生从小学习地理，知道我国很多地区的地理条件之险峻。所以说，可能我们的一个省，比如四川、贵州这些省份，建高铁的难度，都超过美国一个国家建铁路的难度。你联系背景在不同的层面上都做了比较，看问题才比较客观，比较理性。

故事讲不好，国家要挨骂

对高铁的舆论评价走向背后实际上反映出一个什么问题？就是高铁取得了那么精彩的成绩，没有多少人去夸，反倒是只记住了这场事故。也就是说，虽然你干得非常好，但如果你由于种种原因，没有把这个故事讲好，人家会把这个东西扭着讲、反着讲，你原本巨大的正资产会变成巨大的负资产。事故发生的当时，正伴随着互联网的兴起，大家一定还有印象吧，有那么一段时间，互联网上黑自己国家的言论特别多，甚至是占主导地位：政府是坏的，国有企业是坏的，那么国有企业生产的高铁肯定也是坏的，基本上就是这么一个逻辑。而且当时一些主流媒体也没有定力，也跟着网上的舆论走。我们自己讲不好中国故事，是因为我们自己对中国还缺乏了解。我们虽然都生活在中国，都是中国人，但是这个国家的历史和现状到底是什么样的？我们各种各样的社会构成到底是什么样的？随着时代的发展，我们的国家又会产生怎样的矛盾？我们又要如何去解决它？

很多人可能对这些感到困惑，却一直没有找到答案。

我谈这个问题是很有感触的，因为我去过解体之前的苏联，也去过解体之前的南斯拉夫。我了解它们解体的过程，基本上是两个阶段。第一个阶段是一个国家的知识精英，就是大学的教授、各种各样的媒体主编这类有社会影响力和话语权的群体，被西方话语忽悠，认为只要采用西方的政治模式和经济模式，所面临的问题就都可以解决。第二个阶段就是这个国家的政治精英，像政治局委员、常委甚至总书记这些掌握国家大权的人物也被西方话语忽悠了，接着就是经济崩溃，最后就是国家解体。特别是解体之后，国家和社会的财富被西方席卷一空，人民生计陷入困顿，长期得不到改善，这类教训太深刻了。

这方面最经典的例子当然就是戈尔巴乔夫被西方话语完全忽悠，结果导致国家崩溃。如果你今天碰到一个稍微有点历史感的俄罗斯人，他就会告诉你，他们经历了三次浩劫：第一次是 14 世纪蒙古人入侵，第二次是 20 世纪第二次世界大战时候德国法西斯入侵，第三次就是苏联解体。戈尔巴乔夫本人呢，居然在 1996 年还敢去参加总统竞选！结果是可以想象的，他的支持率不到 1%，俄罗斯人民抛弃他了。

我认为 2011 年的时候，我们不少知识精英被西方话语忽悠得差不多了，甚至到今天还有一些人仍旧处在被忽悠的状态中。但我觉得现在看清问题的人越来越多，特别是越年轻的往往看得越清楚。高铁建设这么精彩的一个成功故事，居然会被人扭过来讲成攻击国家的理由，这说明了一个我们必须要正视的问题：你的故事讲不好，会连累国家挨骂。当时一些话语说什么“高铁，请等一等你的人民”“高铁，等一等你的良心”，诸如此类，全都在谴责高铁，谴责国家。从中可见，话语太重要了，我们一定要把中国的事情，用中国自己的话语把它说清楚、说透彻，这样我们的崛起才会更加顺利，更加精彩，更加为人理解和接受。否则真的，有时候你做了这么多的事情，取得这么大的成绩，最后可能是功亏一篑，甚至前功尽弃。毫不客气地说，中国已经崛起到今天这么一个地步，如果我们还被西方那么浅薄的话语忽悠的话，我们的后代将会唾骂我们：当时你们是一手好牌，怎么打成那个样子？

实际上过去的这么多年里，我们中国人真的是一心一意搞建设，一心一意谋发展，一心一意致力于改善民生。中国人是从善如流的，只要你真的做得好，我们就真的想学习。但是西方不一样，用我们的一句古语说就是“树欲静而风不止”，它们总是用它们那一套有色眼镜来看你，给你添一些事端。它们大量的意识形态化和政治化最后导致了什么？我们看得很清楚。但它们还沉浸在这种思维模式和观察角度中，中国人只要一出国，就会碰到各种各样不可思议的问题。普通西方老百姓都会问你：中国人权为什么这么糟糕呀？西藏为什么不能独立呢？台湾独立有什么关系啊？像这样不靠谱的问题，如果你在国外留学或者居住的时间长一点，估计要回答至少一百次。在这个时候，你自然就会思考，我们的国家，为什么在他们眼中是这样糟糕的形象呢？如何解决这一问题呢？

过去，我们总是自我安慰说，是他们被西方宣传机器蒙蔽了，没有看到真相。但我们不能寄希望于等待他们自己去觉察和发掘真相。我认为，中国已经崛起到今天这个地步，是什么问题都不能回避了，我们要能够回答所有对我们的质疑，把中国自己的事情用中国自己的话语说清楚。在现在中国崛起的这个新时代，我们要干脆利落、清晰准确地解决挨骂的问题。这种骂，一方面来自西方，另一方面来自我们国内。我们有一些知识界和传媒界的人不自信，整天跟在西方话语后面骂自己的国家，骂自己的制度。当然我觉得这个群体和他们的影响力都在日益缩小，这肯定是大势所趋。

有人认为中国共产党已经形成自己的话语了，我同意这个看法，我们已经有了官方的话语体系。我觉得这是凝聚全党和全国人民共识的定海神针。但是光有官方话语是不够的，为什么？一是西方话语在今天世界范围内仍然比较强势，需要有丰富的中国话语与之抗衡；二是社会日益开放，新媒体传播铺天盖地，人们的思维和观念多元化，光靠官方话语解决不了挨骂的问题。所以我主张要大力发展和推动我称之为“学术的、民间的、国际化的”中国话语，某种意义上，这也是弥补我们现在话语建设中的一些短板。

举一个例子，这是我自己经历过很多次的。西方老是说中国的人权不好，我们的一些官员或者学者怎么解释呢？他们辩解说我们现在还是发展中国家，我们还没有发展到你们那个阶段，所以人权达不到你们那个标准。我觉得像这样的话语是一种非常弱势的话语，因为你是在西方话语系统中进行叙述，这意味着你还是承认西方话语的权威，也就是说，你把话语权拱手交给了西方，让他们来裁定你的人权做得好不好。他们说你做得不好，你就真认为自己做得不好，然后还大费口舌解释为什么做得不好，这不正好掉进人家的陷阱里了吗！

有人问我，碰到这样的问题，该怎么回应？我说很简单，如果你用中国人的眼光或者用联合国的人权标准来看人权问题，那我们可以确凿无疑地说，从进入 21 世纪到今天为止，伊拉克战争是对人权最严重的侵犯，因为光是死去的平民就十几万，流离失所者数百万，无数生命如蝼蚁般被肆意践踏。这些无辜者的人权，你尊重了吗？你保护了吗？你可以跟美国人说，如果你不把这个严重的侵权行为向伊拉克人民、向中国人民、向全世界人民解释清楚的话，你有什么资格来跟我谈人权？我觉得这就是比较强势的中国话语。

还有一个例子，就是马克思主义中国化。我们在这个理论表述上，应该说还没有做得很好，还有很大的改善余地。我经常说，这么精彩的中国故事怎么会讲不好？西方国家的主要大学，比方说牛津大学或者剑桥大学，里边教马克思主义、讲马克思是非常时髦的。记得 2008 年的时候，新闻报道说，因为金融危机，马克思的《资本论》在很多国家卖脱销了。这意味着，现代社会中的很多人，并不觉得马克思的观点和理论是过时的，他们认为马克思的思想能够在危机的时候给人提供参考或者灵感。

但我们却把故事讲得如此之枯燥，思政课就是一个例子。学生们为了学分，机械地背诵和抄写课本，拿到学分之后就统统忘掉了。马克思主义思想的精髓在哪里？我们在谈马克思主义的时候，非常重视马克思主义的立场、观点和方法，特别是方法。历史唯物主义和辩证唯物主义，这些

▲ 柏林的书店里摆着写有德文“资本论”字样的马克思头像

是高度的智慧，是绝对站得住脚的。中国改革开放的成功，过去革命战争的成功，真是依靠这些东西。整个马克思主义中国化，需要变成一个生机勃勃的事业。我们真的要反思，我们完全可以结合中国崛起的伟大实践，把它讲好。我觉得这是一项具有巨大潜力的事业。我们，特别是一些学马克思主义专业的同学，是可以做好的。坦率地说，从苏联解体和东欧崩溃之后，世界社会主义运动明显受到严重的挫折。但中国崛起之后不一样了，我们提供给世界社会主义运动一个巨大的推动力，这是非常重要的。下一步会怎么发展，我觉得还有很多精彩的事情可以做。

在今天的欧洲，很多人仍然不知道，中国已经基本实现了全民养老和全民医保。你跟他们讲，他们会非常震惊：中国这么快就做到了？这实际上就是社会主义的一个经典成果。中国这个国家的人口规模太大了，比西方所有人口加在一起还要多，这么大一个板块的崛起，对整个社会主义运动的影响，将是全球性的。所以我相信，即使我们不推销自己的模式，但是随着中国的成功，这种模式也会越来越明显地被人家看到，而且解释得清清楚楚。

实际上我们的马克思主义中国化实践得很好，否则就不会有 1949 年新中国的成立。毛主席把马克思主义中国化之后，通过农村包围城市，最后夺取政权，这无疑是非常成功的。新中国成立以后，尤其是改革开放以后，最经典的案例就是我们的经济模式——社会主义市场经济，这是一个相当好的模式，我经常跟外国人说，你要好好研究这个模式。社会主义市场经济从宏观调控到市场作用，到国企民企之间的配合，它不是十全十美，它有自己的问题，但是西方模式现在缺陷更多，中国干得比它好。中国是世界上唯一没有爆发过金融危机、财政危机和经济危机的国家。自从提出社会主义市场经济之后，我们有我们的困难，但不是西方意义上的危机，我们人民生活水平大幅度提高。这些都是马克思主义中国化的成果。

颠覆西方范式，建构中国话语

举了前面章节的这些例子之后，我们应该明白，我们的优秀文化和优秀故事，要想讲得准确，讲得出彩，就不能用过去那一套西方话语了。我们不仅要在日常表达中摆脱这套话语，更要在思考方式上摆脱它的束缚和限制。大家都知道这么多年来，西方对世界的主流政治叙述话语体系中，有一个范式叫作“是民主还是专制”。但是呢，什么是民主，什么是专制，这都是西方国家定的，他们说了算，其他国家没有参与制定标准的份儿。按照他们的标准，只有采用西方的多党制和普选制才是民主，才是他们所谓的普世价值。

西方很多做学问的人，包括媒体，我称之为“懒汉做学问”。他们习惯于拿“民主与专制的对立”作为分析一切问题的框架，简化了千差万别的世界政治形态，让世界只剩下“民主”和“专制”的对立。他们总是只会问你，你们怎么还没有进行政治改革？你们什么时候进行政治改革？就这几个问题，反复地问。也就是说，在他们眼里，你不向西方模式靠拢，你不按照他们那一套行事，你在这方面就是远没有达标，永远也不能进入主流世界和文明社会。

如果我们平心静气地观察一下就可以看出，“民主还是专制”这个分析的范式，明显地缺少阐释力，早已成为西方策动颜色革命、颠覆非西方政府政权的一种意识形态工具。这部分话语虽然忽悠了一部分人，甚至在不少国家造成了政权更迭，但今天我们看到，随着“阿拉伯之春”纷纷变成“阿拉伯之冬”，随着西方自己面临的问题越来越多，很多西方人也意识到了西方政治模式的问题并开始不同程度的反思。

2008年年底，我到印度去演讲和考察。那年11月，在孟买发生了一场很严重的大规模恐怖主义袭击。当时印度的反恐精锐部队花了九个小时才抵达恐怖主义活动的现场，印度的舆论对此哗然。那个时候我正好在德里大学做一个讲座，主题是“中国模式”。在跟听众互动的时候，有人提了个比较敏感的问题，他的语气倒不是很尖锐，还挺友善的。他是这样说的：如果中国碰到这样的恐怖主义袭击，会如何应对？

我当时是这样回答的：中国到现在还没有碰到这么大规模的恐怖主义袭击（后来新疆“7 · 5”事件大概可以算，但它在我做讲座时还没有发生），但是2008年我们发生了汶川地震，这是一场特大型的地震，震中在中国中部的四川山区，远离我们的经济中心和金融中心。我们的军队二十分钟内就开始动员，我们的领导人两个小时之内就坐上飞机奔赴灾区，我们的医疗队三天内就覆盖了所有的一千多个受灾的乡镇，直接救助两千多万灾民。

我还记得一位印度学者听了之后的表情，很显然就是觉得不服气，所以他就又问了我一个问题，他说你是不是想以此证明专制比民主更有效率？我说这个讲法确实不厚道，不公道。坦率地讲，这不是一个“专制比民主更有效率”的问题，而是“良政（good governance）比劣政（bad governance）更有效率”的问题。这是我经过认真研究后得出的一个重要的结论，我把它叫作范式上的一个颠覆。我接着补充说，中国发展模式的特点是，不管什么政治制度，不管什么发展模式，最终就看你能不能达到良政，达到良好的政治治理。

然后我又补充了一些话，我说良政可以是西方的制度，也可以是非西方的制度，这个很重要。中国就是这样的一个经典案例，虽然我们也有自己的问题，但总体上比世界上绝大多数国家做得要好。接着我又说，劣政也可以是西方的模式、西方的制度。我可以举出一百个例子，从局势最糟糕的伊拉克、阿富汗、海地、利比里亚等，到当时已经破产的像希腊、冰岛这样的所谓的发达国家，都没有治理好。我记得当时我回答完了之后，报告厅里出现一阵沉默，最后会议的主席总结说："看来我们印度人也在反思！"

整个西方话语的崛起，是随着工业革命成功形成的一整套话语体系，但现在它确实在走衰。时间站在中国这里，我老说中国的崛起是一个文明型国家的崛起，它一定是改变整个世界的，因为中国这个规模太大了。我当时写《中国震撼》，很多人疑惑地问：真的震撼了吗？我说你一定要知道中国这个规模的影响力有多大。我举一个小例子，我不说整个中华人民共和国的人，单单是我们一个长三角地区的人口就是一亿五六千万，而欧洲都是小国家，瑞士的人口只有七八百万。如果长三角地区的中产阶层，其中有一部分人去欧洲旅游，再其中有一部分人都去买一块瑞士手表，为了满足这一购买数量，瑞士的钟表制造企业需要 24 小时开工才能做到。这就是中国崛起的震撼。甚至我可以很诚恳地说，不是我们要改变这个世界，而是中国这个规模太大，世界不得不因为中国而发生改变。

我想伴随着中国崛起的，应该是中国话语的崛起。这个话语既是对外的，也是对内的。我们现在工作的目的，是特别希望我们中国越来越多的人，能够有道路自信、制度自信、文化自信，是发自内心的自信。我们要用自己的话语去讲述和表达，而不是用西方的话语和思路来叙述。

我相信随着中国进一步崛起，中国话语的范式会被越来越多的国家、学者和人民所接受。那么在它背后，就要求我们的话语更加实事求是，能够更好地展现这个真实的世界。要把中国的事情讲清楚，对我们自己讲清楚，也要向国际社会讲清楚。以中国现在崛起的规模，“一带一路”数千个项目同时在进行，我们讨论中国话语走向世界，不能光出去搞建设，还要到电视台和网站去侃侃而谈，告诉更多的人，我们为什么要这样做，这对谁有什么样的好处。其实每一个人都可以是这样的一个使者、一个演说者、一个推广者，把真实的中国，讲给更多的人听。

当然，我们也要保持头脑的清醒。在阐述中国崛起、中国模式和中国话语的过程中，虽然我们现在已经不再仰视西方，对西方现状、西方模式和西方话语也提出了许多疑问，但我们也不会像西方以前那样傲慢地俯视其他国家，西方还是有很多地方值得我们学习的。我们可以平视西方，平视才能看得清楚，看得准确，看出名堂，看到可以借鉴的长处，看到需要避免的弯路。这种态度，是真正有自信的大国态度。

对话与讨论：如何看待二次创新、民族问题？

中国移动 4G 81% 下午3:47

< 对方正在输入…

？

我是一名“90后”的学生，我觉得支付宝改变了我们的支付习惯，电商改变了我们的购物习惯，据我了解，这些互联网模式都是从西方国家引进过来的，请问您怎么看待这样的现象？

以支付宝为例，为什么它在中国可以发展得这么快？支付宝这样的形式，或者微信支付的形式，在美国是不可能被允许的。一个重要原因是它面对庞大的利益集团，特别是银行和信用卡公司。这些利益集团的钱赚得非常得意，它们不希望别人来干扰。而在中国，习近平的经济思想里边有一个就是供给侧结构性改革，社会有这个巨大的需求，所以我们就要推动供给。

某种意义上，支付宝遏制了我们国内的银行和信用卡发展，尽管有各种各样的反对声音，但我们还是把这一块先做起来。我不知道我们国家有没有想过现在的结果——它带来的是一场革命。所以现在看来就是，我们互联网经济成功的背后有

中国移动 4G 81% 下午3:47

< 对方正在输入…

重要的政治因素。你有一个代表人民整体利益的政治力量，就可以冲破既得利益的阻挠。我们先把它发展起来，然后在发展中解决问题，看看怎么跟银行的利益兼顾，怎么跟信用卡的利益兼顾，最后找到解决问题的办法。中国有很多东西的启发来自西方，来自其他国家的一些经验，但是我们把它们变成了我们自己的东西，变成了中国的模式。

?

我来自新疆的哈萨克族，在南京读大学，我想阐明几个我作为新疆人的观点。新疆的经济和社会环境现在是比较繁荣的，人民安居乐业，这几年来大家都是同舟共济，砥砺前行，这是很多人的血和泪换来的和平、安定和繁荣。我本人非常认可中国文化，我认为我是中国文化圈的一分子，我说汉语，用筷子。张老师提到西方话语权的问题，这真的是一个很严重的问题。很多真正的新疆人并没有站出来，而现在一些叫嚣的声音说的并不是实话。我觉得新疆的发展，可以说是中国的奇迹，是中国发展的一个体现。新疆越来越好，各族人民也真的团结，是不分你我的那种状态。

中国移动 4G 81% 下午3:47

< 对方正在输入…

?

我想问的问题是，您对新疆现在这样的发展，有什么看法？还有对这些误解偏见有什么看法？

我去过新疆，有几点感受。第一，就是经过像“7·5”这种这么大的恐怖主义事件之后，采取一些特殊的措施来解决恐怖主义问题，放到任何国家都应该是可以理解的；第二，实际上新疆的各少数民族，在文化方面总体上是高度开放的。我们常说少数民族能歌善舞，那里的女孩子从来打扮得都是明艳漂亮的。而且你看 2018 年，大概到 8 月份，新疆已经有了一亿人次的游客，是历史上最多的，这是了不起的成就。这也说明新疆是个安全的地方，游客们对那里是放心的。我们中国智库代表团曾经到欧洲交流，他们就提到新疆问题。我就说，维吾尔族到今天用的都是自己的语言、自己的文字，这是对少数民族权利的尊重。我们代表团里的成员都是汉族人，我们每个人都会唱维吾尔族的歌，所以我们可以给他们上课，跟他们交流。

第三章

中国是一个“文明型国家”

“文明型国家”的崛起逻辑

当我们向其他人讲中国时，总要先解释中国是个什么样的国家，有什么特点，中国现在在做什么。我们知道，“民族国家”是西方政治话语中的一个重要概念，常常被用来判定和描述一个国家是不是现代国家。在西方话语中，中国总是被诟病不够“现代”。我常说，我们的国家和其他国家不一样，甚至很不一样，因为我们古老文明形成的许多传统，并没有随着现代国家的建立而消失，恰恰相反，是被保留下来了。而且，在现代国家的载体中，这些元素可能得到了更好的发挥。所以，无论是“民族国家”还是“现代国家”，都不足以描述出我们中国这个继承了古老文明又在现代蓬勃发展的国家的特点。因此，我们有必要抛弃旧有概念的束缚，用新的概念去理解中国。这就是我想跟大家谈一谈的“文明型国家”。

首先我们要了解什么是“文明型国家”。对于这个概念，我要提三位学者的观点来进行说明。第一位是美国的政治文化学者白鲁恂（Lucian Pye），他认为中国是不大可能建设成为一个现代国家的，包括现代的法治、现代的经济、现代的国防等。其实现在很多“公知”也是持类似的观点。白鲁恂把中国称为“文明国家”（civilization-state），并表示这两个名词是相同的概念。他讲过一句很有名的话，说中国是“佯装成现代国家的一个文明”。也就是说，表面上看，你是一个国家，但在本质上你是一个古老的文明，不是一个现代国家。所以他这句话是带有贬义的。

第二位学者就是马丁·雅克（Martin Jacques），他是我们复旦大学中国研究院的资深研究员，也是我的好朋友。他在2009年出版了一本颇有争议的作品《当中国统治世界》。直白地说，这个书名，不太符合中国人的思维习惯，容易引起争论，他本人也表示过异议，但是出版商坚持要用这个名，因为这样才能卖得好，这大概就是人们常说的“标题党”了。马丁·雅克和白鲁恂不一样之处在于，他对“文明国家”这个概念做了比较中性的正面阐述，所以他得出一个非常明确的结论：中国不会变成另外一个西方国家，中国的崛起会改变整个世界。但马丁·雅克也认为，在中国的“民族国家”和“传统文明”这两个特性之间，可能存在某种张力或是冲突。比如，他认为中国今后可能在东亚以某种形式复活自己历史上存在过的朝贡体系，他还说中国人实际上有一种“种族优越感”，这可能也会对现有的国际秩序形成某种挑战。

第三位学者就是我自己。经过对中国模式和中国道路非常慎重的研究之后，我得出的结论是，中国首先是一个现代国家。但是，中华文明的种种特质又使中国这个现代国家与众不同，它确实融合了古代文明与现代文明的长处。

我曾经简单地提到过，无论走到哪里，中华民族是世界上最勤劳、最向上、最平和的民族，中国人总在工作，总在努力改变自己的命运，无论走到哪里，中国都有一种安全感，这些特质带来了今天中国的崛起。但中国也接受了现代国家一些基本的理念，比如主权平等和尊重人权，所以中国不会恢复朝贡体系，也不会拥抱种族优越论。

因此，我用的是“文明型国家”，与这个词相对应的英文是civilizational state。它和civilization-state是不一样的，在civilization-state中，“civilization”和“state”是两个平起平坐的概念，而civilizational

是一个形容词，意思是“文明型的”，用来修饰“state”。所以说，我提出的“文明型国家”概念比白鲁恂的“文明国家”概念要积极得多。

我们的一些知识分子总是担心西方是否“认可”中国，但一个“文明型国家”的最大特点就是，它不需要别人认可也可以独立存在和发展。我的基本看法是，“文明型国家”具有超强的历史底蕴和文化底蕴，它不会跟着其他国家亦步亦趋；这种“文明型国家”有能力汲取其他文明的一切长处而不失去自我，而且能够对世界文明做出大量的原创性贡献。

所以，我们反复强调，中国做的事情不需要西方的认可。我多次举过例子：汉语扩大自己的影响，不需要理会英语的偏好；孔夫子不需要柏拉图来认可；《孙子兵法》不需要克劳塞维茨来认可；中国的宏观调控也不需要美联储来认可。我们自己有原创能力，当然也有自己的标准。而更可能发生的事，实际上已经开始出现了，即汉语可能会逐步地对英语或其他语言产生影响；孔夫子和柏拉图都为人类社会提供了宝贵的智慧；《孙子兵法》已经在影响，而且继续会影响西方的军事思想；中国的宏观调控经验，将来也会被西方国家学习，谁学谁受益。

西方总是基于自己有限的历史经验形成话语来解读中国，如“西方中心论”、“欧洲中心论”和“历史终结论”等，其结果便是深深地误读中国。它们的逻辑是，国家政治都是从所谓极权主义发展到威权主义，再到西方民主制度。从这种逻辑推导出的结论便是，历史发展是单线条的，发展到西方的政治模式就终结了。而这些在我们看来是非常荒谬的。

“文明型国家”的崛起是一个完全不同的逻辑。首先要知道，在历史上，中国是长期领先西方的。在过去的两千多年里，中国在至少四分之三的时间里领先于西方，这种领先有其重要的原因，我把它称为原因一。后来中国从18世纪开始落后，错过了工业革命，承受了深刻的教训，但通过过去数十年的努力和自己独特的发展模式，中国又赶了上来，并且在某些方面还超越了西方，这个赶超的成功也有它的原因，我称其为原因二。原因二和原因一之间有一种历史的继承和发展关系。这就是“文明型国家”的逻辑。这种逻辑意味着，我们现在的制度安排，融合了中国自己的历史基因、红色基因和西方的有益元素，这种制度安排是超越西方模式的。

举一个例子来做个对比。我们在历史上有民本主义的传统，认为“民为邦本，本固邦宁”，政府要为人民做事情，首先就是关注民生，改善民生，而且，民生是包括物质生活和精神生活两方面的，政府在这两方面都要负起责任。到现在，我们的政府仍旧秉持这一理念，坚持关注民生，解民生之忧，谋民生之利。而在当下，无论西方国家自身，还是非西方国家，它们所走的西方模式最大的问题，就是政治机器空转，政客们纸上谈兵，不落实到改善民生的层面，所以西方模式在西方界和非西方界都开始走下坡路。

在西方模式逻辑和文明型国家逻辑的背后，实际上是两种哲学观在产生影响。一种是西方中心论的历史单线发展的哲学观，把世界看成是一个简单地由落后向先进的单向度演变的进程：我代表最好的制度，然后你就发展我这个制度，这样你就变得很好了。而“文明型国家”的哲学观认为社会从来都是复合多元的。在中国人的历史观里，各种发展模式都存在，从来都是百花齐放的，它们可以相互竞争，相互借鉴，甚至有时候是互相打架的。即使你的模式过去很好，但是骄傲使人落后，在你得意自满的时候，很可能被人家赶上了，你成了落后的一方。所以它的历史竞争是复合式的、多线条的、动态的。整个人类历史就是这样一路演变和发展过来的，只要人类存在，这种不断变化的动态历史进程便不会终结。

过去 40 年中，中西文化近距离大规模地相遇，不但没有使大多数中国人丧失文化自信，反而促使中国人产生了新的文化自觉。虽然崇洋媚外的思潮在中国还有不小的生存空间，但中国人文化自觉和文化自信的大势正在形成。这种自觉和过去那种文化自觉不完全一样，它是国家全方位对外开放、实现崛起的情况下出现的一种新的文化自觉，是在一个新的、更高的舞台上，在对外部世界广泛联系、广泛了解的基础上，形成的一种中华文明和中华文化的自觉。它的意义是非同凡响的。

曾经有人问过我为什么要提“文明型国家”这个概念，我回答说，很简单，首先我个人认为它确实揭示了中国崛起的逻辑。历史上中国曾长期领先，这是有原因的。后来我们落伍了，现在又赶上来了，某些方面甚至超越了，这也是有原因的。前后的原因之间是有内在联系的。所以我觉得有必要把这个逻辑给揭示出来。这个逻辑不同于西方模式的逻辑，认识到这一点，我们才能正确认识中国的崛起和中国模式的优点，而不是跟在西方话语背后人云亦云，让别人来解释自己。

第二点，我实际上在阐述一个简单而重要的事实：中国就是一个延绵不断的古老文明与一个超大型现代国家的结合体。我要把这个事实讲给更多的人知道，让更多的人了解现在的中国到底是何种样子以及为什么是这个样子。

第三点，我觉得特别重要：中国是个大国。你是五千年没有中断的文明，你的话语要有底气。当这个文明融入大量的现代元素，既古老又现代，它一定是很厉害的。我们要意识到我们所具有的了不起的力量。习主席在上海进博会演讲时说：“经历了无数次狂风骤雨，大海依旧在那儿！经历了五千多年的艰难困苦，中国依旧在这儿！面向未来，中国将永远在这儿！”

是的，我们历久弥新，我们百折不挠，我们一直在这儿。

“文明型国家”的四个“超级”特征

随着中国的迅速崛起，中国文化也开始进入前所未有的繁荣和复兴的时代。这种繁荣和复兴，它的深度、广度和强度，只有“文明型国家”才能做到。我们中国作为一个“文明型国家”，有四个非比寻常的特征，我称之为“四超”，“超”代表着“超级”，是其中的关键。“四超”指的就是“超大型的人口规模、超广阔的疆域国土、超悠久的历史传统、超丰富的文化积淀”这四项。在我看来，这“四超”正是我们这个文明型国家崛起的最精彩之处，是令整个世界都不得不仰望的。接下来我就对这“四超”进行逐一介绍。

第一是“超大型的人口规模”。我们都知道中国是世界人口最多的国家，但你仔细想想，这不是“一般的多”，这是“超级的多”。我们只要拿出具体的数据做一对比，就能感受这种“多”带来的震撼。全世界人口 70 多亿，我国人口 14 亿，大约占五分之一，也就是说五个人里面就有一个是中国人。众所周知，我们中国人讲究春节都要回故乡与亲人团聚，所以我们每年的春运，30 亿人次的运输量，基本上就等同于把整个北美洲、南美洲、欧洲、非洲的人口数量加在一起，在不到一个月的时间里，从一个地方挪到另外一个地方！人口众多是中国面临的最大挑战，同时也是中国最大的机遇。凡是做产业的人今天都知道，如果在中国做到最大，在世界上可能也是最大的。因为中国拥有最大的客户群体和消费市场。你看现在的一些互联网公司，短短几年就能成为几百亿乃至上千亿美元市值的企业，超越西方那些百年老店。在我们这个人才济济的人口大国里，确实是“天高任鸟飞，海阔凭鱼跃”，什么奇迹都可能创造。

与我们形成鲜明对比的是印度。虽然身为世界人口第二大国，但印度在其历史上没有经历过像我们中华民族这么长久的人口整合过程。印度历史上也出现过自己古老的哈拉帕文明，只是后来中断了。而且后来印度动乱不断，比较长的统一时期还是19世纪开始的英国殖民统治时期，所以外来的英语成为它今天主要的官方语言。但在今天真正能够说英语、写英语、掌握英语的印度人，实际上不到他们国家总人口的10%。因此，印度虽然人口庞大，却远远没有中国人那种高度的文化同质性，没有相同的语言、相同的价值观和相同的生活方式。在这些方面，他们跟我们是没法比的。我们比他们的凝聚力要大很多。

我经常用比较人口数量的方式来说明中国的规模之大。一个欧洲普通国家的人口大约是1400万，中国的14亿人口大约等于100个普通欧洲国家人口之和。整个西方国家的人口占世界人口的14%，而中国人口占世界人口的20%。我们的规模之大，可以说是许多西方国家远不能及的。而受过教育和培训的人民，则是我们“文明型国家”最大的财富。他们既是消费者，也是创造者；既是享受者，也是推动者。中国现在每年培养的工程师人数，超过美国、欧洲和日本的总和。中国崛起产生了巨大的规模效应，中国的制造业、国内外旅游、电子商务、互联网，特别是城镇化、高速铁路、物流、人工智能等行业的迅速发展，实际上都体现了这种规模效应。

从一个更广的意义上看，由于人口效应，中国一旦改变自己，往往就能产生改变世界的效应，能够引领标准和规则的改变，甚至引领世界的发展。比方说，现在世界进入了大数据时代，中国的人口数量和教育水平都意味着我们的大数据远远多于其他国家。有一种说法认为工业文明时代最主要的资源是石油，那么信息文明时代最主要的资源就是大数据。中国的人口是美国的 4 倍多，中国的移动支付现在是美国的 70 多倍。所以中国人每天创造的大数据，无论是深度、广度、厚度，都是美国和其他国家没法比的。这对于 5G、云计算、人工智能，对于新一代的新工业革命和新技术革命，对于未来世界上许多产业标准的确立，对于世界和人类未来的影响，意味着什么？意味着，我们拥有决定未来的力量，未来是我们的。

第二是“超广阔的疆域国土”。中国幅员辽阔的疆土也是在漫长的历史中逐步形成的，我称之为“百国之和”，意思是成百上千个国家慢慢整合到一起的。

在今天的世界版图上，只有俄罗斯和加拿大的国土面积比中国大，但是这两个国家从来没有经历过像我们中国这种“文明型国家”意义上的整合历程。苏联曾经尝试创造一个“苏维埃民族”，但随着苏联的解体而化为乌有，以少数民族为主的各个共和国很快就独立。坦率地说，如果不是普京执政时的强力措施扭转了俄罗斯继续崩溃的趋势，而是继续照搬西方模式的话，那结局很可能就是俄罗斯将持续不断地解体。加拿大呢，我们都知道，它地广人稀，历史上经历过法国和英国的殖民，那里的国民除了原本的土著居民外，大部分是移民及其后代。它没有悠久的历史传统，也没有形成全国统一的文化。印度也是个人口大国，但它的国土面积实际上只有中国的三分之一，疆土内的整合程度也远远不如中国，很多地方反叛力量还远未消灭。印度的种姓制度也是个大问题，阻碍了内部的人口流动和社会活力。

中国学者钱穆曾经比较过古代中国和古希腊，还有后来的古罗马。他说古希腊是“有民无国”，古罗马是“有国无民”，而古代中国是“有国有民”。古希腊没有形成统一的国家，而是由一大批规模比较小或者是中等的城邦组成。有的上千人就算一个城邦，人多一些的也不过是十来万人。它们小于中国秦汉时期任何一个郡县的人口规模，而且从来没有真正统一的中央政府。当强大的马其顿王国进攻过来的时候，它们很快就被征服了。

罗马帝国常年征战，热衷于开疆辟土。帝国最强盛的时候，疆域是350多万平方公里，和中国的西汉相当。但在国家治理上，中国当时已经有了户籍制、郡县制等，而古罗马始终没有发生像秦汉时期那样的内部人口整合。最后由于政治动荡、经济衰退以及蛮族入侵，一度将地中海纳为内海的罗马帝国还是走向了解体和灭亡。随后的拜占庭帝国（即东罗马帝国）一般就不被认为是欧洲国家了。罗马帝国灭亡之后，欧洲进入了史学家所说的长达千年的中世纪“黑暗时期”。通常认为，到了16世纪的“文艺复兴”，欧洲才开始摆脱漫长的“黑暗时期”。

在古代中国，秦始皇于公元前221年就统一了中国，推行郡县制，实行“书同文、车同轨”，统一度量衡，奠定了维持中国统一的政治和文化基础。随后的中国虽然经历了很多次的分裂，但历代的主流政治都是寻求统一。历代的政治制度几乎都可以追溯到秦汉时代，正如毛泽东说的，“百代都行秦政制”。中国“大一统”的传统，自秦统一之后就一脉相承下来，形成了非凡的凝聚力和强烈的统一意识。

辽阔统一的疆域，使中国获得了绝大多数国家都难以比拟的地缘优势和战略纵深。中国有强有力的中央政府和强大的国防能力，可以在超大规模的国土内进行战略布局，可以实现“西气东送”、高铁“八纵八横”等人类历史上罕见的现代工程。我们可以摊开地图，看一看这些大工程的跨度和覆盖范围，才能体会到中国人在现实背后大手笔的浪漫和神奇！

广阔的疆域国土在产业领域里具有先天优势。对于绝大多数国家来说，产业升级往往意味着要把产业迁移到国外，比如20世纪90年代以来，很多西方国家将制造业转移到中国。但对于疆域广阔的中国来说，我们在自己国家内部就可以实现大规模的产业梯度转移，一般制造业可以从发达板块转移到新兴板块，但仍然留在中国境内，这就延长了中国制造业的生命周期，还带动了新兴板块的经济发展，创造了更多的就业岗位。

此外，“文明型国家”所形成的地缘优势也使中国具有其他国家和地区难以企及的“地缘辐射力”。中国推动的开放政策，从沿海开放，到沿江开放，到沿边境开放，到今天的“一带一路”，环环相扣，层层递进，分步骤有层次地实现了不同地区的开放，甚至将中国的边境省份都变成了对外开放的前沿阵地。特别是现在欧亚铁路的建设，包括渝新欧铁路、连云港义乌到欧洲的铁路，还有正在建设中的从云南通向东南亚的铁路大通道，把整个中国与中亚、欧洲和东南亚国家都连成了一片。中国这种地缘优势，是日本这样缺少地缘优势的经济大国所难以比拟的。

在我们国家的经济发展过程中，中央政府发挥了重要的作用，地方政府也发挥了重要的作用。这实际上也和中国的规模有关。这么大的地域，这么多的人口，需要中央政府和地方政府各司其职，相互配合，才能实现有效治理。中国县级政府的良性竞争，被经济学家认为是中国崛起最重要的原因。

中国有超广阔的疆域国土，其数量级实际上等同于一个“洲”。飞机飞三个小时甚至更长的时间，人还在自己的国家内。如果在欧洲飞行这么长时间，肯定已经走过十几个国家了。但你在这么长的时间内，飞到另外一个地方，还是在中国境内，还是讲中国话，吃中国菜，观赏迥然有别的优美风光，领略各具特色的风土习俗，享受丰富多彩的中国文化，这是世间少有的精彩体验。

我经常讲这么一个观点：一旦能够克服人口与地域这两个“超”带来的挑战，创造的一定是世界奇迹。举个例子，为什么我们的高铁技术是世界最好的？因为首先你要能够应对中国巨大的人口压力。一个春运有30亿人次，你必须在最短的时间内把如此庞大的乘客数量从一个地方运输到另外一个地方。然后你要克服辽阔地域的挑战。我国地形复杂多样，

▲ 奔驰在山水之间的贵广高铁

平原、高原、山地、丘陵、盆地各种地形齐备。你的高铁技术要能够适应东北的冻土，要能够适应江南密集的河网，要能够适应云贵高原崎岖的地形。如果这些环境条件都能适应和克服的话，你的技术肯定比其他国家更加完备。所以在高铁技术这个领域，我们确实是在全世界领先的。

第三是“超悠久的历史传统”。五千年延绵不断的历史，使中国在人类知识几乎所有的领域，都形成了自己的体系和实践传统。我们在政治、哲学、教育、宗教、语言、文学、艺术、戏剧、音乐、建筑、军事、体育、医学、饮食等方面，都有自己博大精深、自成体系的积淀。这种丰富的传统性、内源性、原创性和连续性，都是其他民族或者其他文化难以望其项背的。

例如，由于人口众多、地域广大、自然环境复杂等因素，中国人在治国理政方面形成了自己独特的传统，其中之一就是我多次讲过的民本主义——“民为邦本，本固邦宁”。还有我们相信的“民以食为天”“治国先治吏”“居安思危”等见解，以及我们经常讲的“宰相必起于州部，猛将必发于卒伍”等理念，实际上都是我们祖先流传下来的传统智慧的一部分。而且我们可以看到，甚至早在中国历史上的远古时期，许多治国理政的独特传统就已经开始形成了，比如领袖要率先垂范，尧舜等君主都是道德上的楷模；比如政治组织要能够组织大规模的治水工程，大禹治水有功，继承帝位。秦始皇灭六国，建立大一统的王朝，更是开创了一种治理超大型国家的制度安排的先河。

今天我们选择了社会主义道路并取得巨大的成功，实际上背后有中国传统中崇尚平等的重要基因的作用和影响。比方说早在春秋战国时期，我们就已经摧毁了血缘为基础的土地垄断，推动土地自由流转。虽然在私有制之下，土地兼并、贫富两极分化等问题屡屡发生，但我们也针对性地发明了缓解贫富分化的方法。例如，中国古代历史上很多朝廷都采取“常平仓”的方法来平抑粮价、储粮备荒——粮价低时收购，粮价高时以低价出售，发生灾害时，还可用储备的粮食救灾，以此达到“丰年利农、荒年利民”的目的。在中国这些制度安排的背后，是一种追求平等的精神。虽然它不会等同于我们今天讲的社会主义平等观，但确实给中国接受社会主义制度，铺垫了一种大众的文化基础和心理基础。所以说，中国人拥抱社会主义是有传统基因的。

有人提出，中国会不会出现私人资本同时垄断了技术和财富，出现类似日本和俄罗斯那种超级寡头呢？其实，我们国家已经注意到这类问题，我们现在有《反垄断法》。而且，我们应该注意到，中国制度跟美国不一样。我经常说，中国制度是一百个最富的中国人不可能左右中共中央政治局，美国是一百个或者五十个富人就可以左右白宫。资本力量的特点是能够创造财富，但容易导致两极分化。所以在我们的资本力量上面，需要有政治力量的适当规范，否则要出大问题的。这也是“文明型国家”传统的一部分。当然，对于垄断，不光是中国，全世界都要关心这个问题。2018 年，脸书公司（Facebook）向剑桥分析公司透露了 8000 多万条用户数据。剑桥分析公司就用这个来帮美国做竞选分析，精准地推选广告。这被认为是特朗普当选的一个主要原因。这件丑闻被揭发后，美国联邦贸易委员会启动调查，最后，脸书公司被罚了 50 亿美元。

第四是“超丰富的文化积淀”。数千年延绵不断的历史，为我们积累了世界上最博大精深的文化资源。中华民族在五千年延绵不断的文明历史发展进程中，创造了气势恢宏、内涵丰富的文化成就。这些文化成就包括中国人崇尚的“天人合一”和整体主义。在中国古代，儒、释、道互补，儒、法、墨共存，这对于今天这个充满宗教冲突和对抗的世界仍然具有启发意义。

中国文化的丰富性也意味着中国具有海纳百川的文化包容性，可以融多样为一体。中国光是方言就有上万种，不同的地方有着不同的气候、不同的地理环境、不同的风俗人情、不同的饮食和生活习惯。北京人、上海人、广东人在生活习惯和思维方法上的差异，实际上不亚于英国人、法国人、德国人之间的差异。而且，我们还有56个民族之间的差异。这些差异不仅没有造成严重的恶性冲突，还在中华文明“和而不同”的框架内，相辅相成，相得益彰，是一种独树一帜、无与伦比的精彩。

今天，覆盖了中国大地、四通八达、代表着最现代技术的高铁，实际上背后也有丰富的中国文化记忆。我们中国古代历史上就有很多这种线性的大工程，从秦直道、万里长城到京杭大运河，都承载着劳动者的智慧和技巧，联结了不同地域的人们的生活。而且我发现，互联网世界的年轻网民们有很多非凡的创意。我见到有人把高铁和列车运行图制作成跟地铁图一样的示意图，还配上各种各样亲切生动的解说文字，说早上还在上海吃生煎包，晚上就能到云南吃鲜花饼，诸如此类，贴近生活，很能引发读者的兴趣和共鸣。“八纵八横”的高铁给中国人带来的不仅是出行的便利，而且也激发出各种历史文化的积淀。作为一个“文明型国家”，中国有世界上最多姿多彩的自然风光，有最深厚丰富的人文景观，当然也有最有滋有味的美食佳肴，生活在其中是何等幸福！

凡是能够绵延数千年香火不断的东西，一定有其独特的地方，甚至有非常伟大的智慧。一个五千年延绵不断的文明本身就是人类历史上一份最伟大的物质和非物质文化遗产，我们对此首先要心怀敬意。中华文明是世界上唯一还活着的古老文明，虽然古老，但至今根深叶茂，生机勃勃。西方话语充斥着的“先进”和“落后”、“民主”和“专制”、“高人权”

和“低人权”这些词语，是一种过分简单乃至简陋的概念，是无法描述中华文明的。中华文明的内涵比这些概念要丰富一千倍、一万倍。所以我们一定要当心，不要拿这种西方所谓的现代性标准来随意否定自己的文明，而是要像对待一切珍贵的物质和非物质文化遗产那样，认真地呵护，理性地分析，辩证地吸收。我们不仅要看看这些文明的事物和因素已经给我们带来多少辉煌和成就，而且还要看看它们对现在和未来的中国以及整个世界会有什么特殊的意义。

“文明型国家”既是一个国家，又是“百国之和”，是成百上千个“国家”慢慢整合起来的。“四超”的共通之处是它们都融“传统”与“现代”为一体。在中国模式的引导下，中国“文明型国家”的四个“超”——人口、土地、历史、文化，都成为中国崛起的最大优势。反过来，如果我们放弃中国道路和中国模式，去照搬西方模式的话，中国作为“文明型国家”的这么多优势，恐怕就会荡然无存，甚至发生反转，变成最大的劣势：“百国之和”的人口将成为混乱和动荡的温床；“百国之和”的大一统疆土将成为四分五裂的危险地域；“百国之和”的历史将成为无数传统纷争和对抗的借口；“百国之和”的文化将成为各族群之间大规模冲突的根源。结果，“百国之和”变成了“百国之异”，强调共识的政治会变成强调对抗的政治。经过这个视角的对比和分析，我们可以更加充分地理解中国崛起对中国本身、对中国人自己、对整个世界、对全体人类的伟大意义，我们因此能够感到无比自豪，也因此对未来充满自信。

“一带一路”与“文明型国家”的关系

2019年4月25日，第二届“一带一路”国际合作高峰论坛在北京举行。4月27日，国家主席习近平出席记者会并做了讲话。“一带一路”这个倡议，是习主席在2013年提出的，主要是指“丝绸之路经济带”以及“21世纪海上丝绸之路”。习主席把“一带一路”比喻成中国这只大鹏所插上的两只翅膀，如果建设好了，大鹏就可以飞得更高更远。这是个非常形象的描述，也是中国进入新时代之后，对整个中国开放空间布局的一个非常长远的统筹思考。自2013年提出后，“一带一路”倡议已经推进了好几年，我们也越来越能见到这一倡议所蕴含的重要意义和价值。

中国模式的特点就在于，它有比较长远的思考，一旦确定好目标和方案，执行速度是非常快的。正因如此，在六年不到的时间里，“一带一路”已经成为当今世界上规模最大的合作平台，也是最受欢迎的公共产品之一。在说这句话的时候，我甚至都不想加“之一”这两个字。截至2019年3月，已经有123个国家、29个国际组织同中国签署了共建“一带一路”的合作文件。这就表明，世界上多数国家对中国提出的“一带一路”倡议，表示了信任与支持。这个数字和比例，已经证实它是最受欢迎的。

为什么它会如此受欢迎呢？它是如何突破西方国家的话语诋毁，获得信任和支持的呢？众所周知，西方国家总是以国际社会自居，但世界上的多数国家并不属于西方国家。现在世界上多数国家都认同“一带一路”，意味着它给多数国家带去了好处，这些国家乐意接受和加入。外交部长王

▲ “一带一路”漫画

毅在“两会”上举过八个例子，来说明“一带一路”给参加国所带来的发展机遇和实实在在的好处。比如，通过“一带一路”合作，东部非洲有了第一条高速公路，这条高速公路建在埃塞俄比亚境内，完全采用中国技术和中国标准；马尔代夫有了第一座跨海大桥——中马友谊大桥，这座桥施工难度非常大，所在海域被称为“恶魔之海”，但是中国人硬是把桥建成了，证明了我们强大、过硬的技术能力；东南亚一些国家，如印度尼西亚和泰国，正在中国建设者的帮助下建设高铁。

在乌兹别克斯坦，中国公司帮助当地打通了一条施工难度非常高的隧道。这是世界上难度最大的隧道项目之一，几十公里的隧道，需要经过七个不同的地质断层。很多包括欧美公司在内的国际工程公司都对此望而生畏。但是我们的工程师硬是把它啃了下来，向世界展示了当今中国工程的技术水准和品质。当地老百姓过去坐火车需要几个小时，甚至更长时间，现在只需要十来分钟就可以通过。

还有中欧班列，它是目前亚欧大陆上距离最长的合作纽带。短短几年间，从零开始，到现在已经累计超过一万列次。它有三条主要通道：一条是西部通道，主要连接中国中西部，包括重庆、成都等大城市，经新疆霍尔果斯出境；一条是中部通道，主要连接东北地区，经二连浩特出境；另外一条是东部通道，主要连接东南部沿海地区，从世界最大的小商品集散地义乌，经满洲里开往欧洲。这些通道，让欧亚大陆成为一个巨型的统一市场。

特别具有故事性的例子是民营企业家李书福的吉利集团和白俄罗斯合资建设、生产吉利的博越SUV。这让白俄罗斯第一次拥有了自己的轿车制造业。白俄罗斯总统卢卡申科说“非常感谢中国，中国帮我们实现了轿车梦”。这是颇具传奇色彩的成就。这个项目帮白俄罗斯一国实现了轿车梦，但对李书福的汽车事业而言，可能只是个小项目。

还有一个值得赞赏的案例是肯尼亚的蒙内铁路（从蒙巴萨到内罗毕）。这个项目为当地创造了将近 5 万个工作岗位，拉动 GDP 增长达到 1.5%。而且，为了保证野生动物可以安全穿过铁路，蒙内铁路在穿过内罗毕国家公园时采用全高架方式，对当地的生态环境和野生动物起到保护作用。这说明我们的合作方式不仅在经济上是有利的，而且还注意到了生态文明的维持和延续。

我个人觉得，我们现在宣传“一带一路”往往强调我们对别人的帮助，这就会让有些人产生误解，以为我们是花钱赔本赚吆喝，实际上，我们也应该适当讲述一下“一带一路”给中国企业和中国自身带来的利益和好处。“一带一路”之所以广受欢迎，是因为我们奉行“共商、共建、共享”的原则，根本上由市场机制来驱动。只要坚持这一条，实际上不用太担心国家会在其中承担亏损，企业会根据市场经济的规律做出自己的判断。而且，在“一带一路”基础设施建设中，中国注重将自身的发展经验同其他经济体的战略目标相对接，而不是由中国单方面制定规划、对方被动配合来完成，所以，“一带一路”是真正互利共赢的。例如，在王毅部长所举的例子中有个哈萨克斯坦的例子。哈萨克斯坦的经济过度依赖石油和天然气，因此它现在想发展多元化的经济。中国就与它这个规划对接，将它盛产的小麦卖到东南亚，一是从连云港走海路，二是从重庆南下广西，最终运抵东南亚。哈萨克斯坦因此第一次有了自己的出海通道。这种方式，打通了“陆上丝绸之路”和“海上丝绸之路”的联系。而且这种战略规划对接，是互利双赢的。

中国的一些经验，实际上很多国家已经在借鉴了，其中最典型的就是园区建设。中国在这方面具备一整套的经验，比方说“港口 + 仓储 +

▲ 苏州工业园区

企业 + 城镇建设”，都是成套的。在“一带一路”沿线国家和地区，可以看到很多中国企业提供一揽子服务或者一揽子方案，前景非常好。中国现在已经在“一带一路”沿线建立了 80 多个不同类型的工业园区。这是我们国内一套比较成熟的方法，许多国内的企业非常熟悉，外国企业也比较熟悉，主要包括“园区 + 物流 + 企业 + 住宅区”等配套建设。这吸引了很多中外企业，到园区去投资和生产，由园区集中提供法律、物流等各项服务。

另外就是我国的规划能力。中国人民不仅基建能力强，规划能力也是世界第一。国内有一些智库就专门做这个业务，为国外的一个镇、一个城市，或者一个政府部门提供规划，结合当地情况做调研，拿出可以执行的规划。这方面我们的经验非常多，有很多经验可以和其他国家分享。

同时，中国已经有很多项目展示了非常好的示范效应，建立起了比较好的口碑。

一些西方国家对中国的“一带一路”耿耿于怀，在我看来很大程度上是出于妒忌。它们针对中国的指责，主要存在几种说法。一种是说中国给人家提供贷款，造成了所谓的“债务陷阱”。但是，中国的贷款与西方的贷款存在很大不同，中国的贷款绝大部分都具有建设性，实实在在地创造了很多优质资产，这些资产将来会升值或者已经升值了。我们可以做个对比。美国惯用的“剪羊毛”手法，是先用洪水般的热钱卷入第三世界国家，把房产和股票炒热，然后制造危机，等价格跌下来，以最低价购入资产。几个回合下来，它们收割了大量优良资产，第三世界国家剩下的只有债务、危机和贫穷。而中国的“一带一路”投资是建设性投资，建成了公路、铁路和桥梁，既发展经济又改善民生。

还有一种说法是指责中国搞“新殖民主义”。这种说法在非洲多数国家没有人相信。每两年，中国会举办一次中非合作论坛高峰会议。每次参加这个论坛的非洲国家元首和政府首脑，比参加非盟最高峰会的领导人还要多。还有一个例子就是马来西亚总统马哈蒂尔，西方媒体认为，这位总统在一定程度上对“一带一路”有些怀疑。但马哈蒂尔总统是这么说的：“中国作为我们的邻国已经有两千年了，但他们从来没有来征服我们。但是 1509 年，欧洲人来了，在两年的时间里，他们征服了马来西亚。”关于西方所谓的“债务陷阱”，马哈蒂尔认为“中国人天性上是非常棒的商人”，而那些国家是否从中国借入资金，是这些国家自己做的决定，马来西亚也会根据自己的需要做出决定。记者问如果只能在美国和中国之间选一个，你会选谁？他说：“目前我认为，美国做事情非常反复无常。这个时候，我们得接受，中国与我们很近，是一个巨大的市场。我们想从中国增长的财富中获益。”马哈蒂尔总统的话讲得非常明确，中国人不搞殖民，善于经商，还乐于助人，这些优点是被其他国家看在眼里的。所以说，虽然西方在言论上极力诋毁，但中国还是靠实际行动赢得了第三世界国家的信任。

此外，有些国家认为，“一带一路”项目背后的目的不明确，让它们不免会感觉到威胁。面对这种观点，我们首先要了解一个事实，即实际上现在很多国家的媒体都或多或少地受到西方媒体的影响。西方媒体说“一带一路”是中国在推行扩张主义，搞地缘政治。我们当然无法控制西方媒体，但是我们可以实事求是地看看这些项目产生的结果，确实为参与各方带来了很大的收益。这就说明，无论西方说什么，最终评价还要看东南亚和中国“一带一路”合作所取得的具体实践成果。“一带一路”沿线国家，尤其是东南亚、南亚和非洲的国家，使用的智能手机 80%以上都是中国制造的。中国制造的各种家电，现在在“一带一路”沿线国家非常受欢迎。我们还可以用数据去判断。国际组织皮尤中心，每年在世界各地做“你对中国人的印象”调查。以非洲为例，非洲多数老百姓很欢迎中国投资。你也可以研究中国和非洲的贸易数据、中国和东南亚的贸易数据。2018 年和 2017 年相比，中国和东南亚国家的贸易额增加了 11%，这是非常高的速度。事实胜于雄辩。“一带一路”沿线国家用行动支持了中国，支持了“一带一路”倡议。

今天，美国还在拼命阻拦“一带一路”倡议，但是西方世界确实是人心散了，大家都有自己的小算盘。意大利不顾美国的反对与中国签署了双方推动“一带一路”的谅解备忘录，成为西方七国集团中率先和中国签署协议的国家。意大利虽然是七国集团国家之一，但它南部基本上处在发展中国家的状态，基础设施严重落伍。“一带一路”对于意大利而言是为数不多的机遇。此外，当时中国倡议成立亚洲基础设施投资银行，美国说我们的盟友一个都不要加入。结果是，英国带头加入，几乎所有的欧洲国家都加入了。没有加入的只有美国、日本、澳大利亚等少数几个西方国家，但现在其中有些国家也在研究是否需要加入。意大利经济发展部副部长杰拉奇就在博鳌论坛上讲，据他了解，至少还有两个 G7 国家也想加入“一带一路”。

为什么我们对“一带一路”倡议比较自信？一个重要的原因是，中国是一个文明型国家，中国崛起是一个文明型国家的崛起。英国《金融时报》的一位主笔拉赫曼先生写过一篇评论文章，标题就是“文明型国家的崛起”。他在这篇文章中将“文明型国家”这个概念泛化了。他说，西方国家过去一直宣传普世价值，但现在中国人说自己是一个文明型国家，印度人也说自己是一个文明型国家，俄罗斯人也说自己是一个独特的文明，土耳其人也说自己是一个独特的文明，现在甚至连支持特朗普的美国保守主义学者，也说美国是一个独特的文明。应该说，拉赫曼非常敏锐地注意到了这个世界的变化，注意到了世界文明多样性的事实。

拉赫曼跟我是老朋友，他读过我的书《中国震撼：一个“文明型国家”的崛起》。我们之间有过多次长时间的交流，他了解我的观点。所以我老讲中国人要自信，中国的学者要自信，要用中国概念和中国话语去影响西方，影响世界。他们接受我们的观点，修正他们原有的理解框架，有助于达成共识，共谋人类文明的进步。

接下来，我简单地分析一下我们“文明型国家”的“四超”与“一带一路”未来的关系。

第一是超大型的人口规模。中国的人口规模大约是 100 个普通欧洲国家人口规模之和。中国每年培养的工程师数量超过美国、日本和欧洲的总和。数量多、素质高的工程师队伍和劳动力大军，使中国得以形成世界最完整和最齐全的生产链和产业链。短短 40 年，中国已经形成世界最大的中产阶层，向世界输出最多的游客，并且其消费能力高于西方游客，甚至高出很多，成为众多国家和地区最欢迎的顾客群体。中国人热爱储蓄的文化，又使得中国保持了全球最大的人民币储蓄和外汇储备，迅速成为世界上最大的对外投资国之一。2018 年，按照美元官方汇率计算，中国国内的消费规模已接近 6 万亿美元。如果按照购买力平价计算，中国已经形成了世界最大的消费市场。这一切为“一带一路”提供了超大规模的人才储备、商品、资金和市场，而且这些条件随着“一带一路”的深入发展，在未来比较长的时段内会越来越好。

第二是超广阔的疆域国土。中国既是一个大陆国家，又是一个海洋国家，具有超强的地缘文明辐射力。自 15、16 世纪欧洲的“地理大发现”以来，随着西方力量的上升，海洋文明和海权压倒了大陆文明和陆权。以大陆文明为特征的古丝绸之路，就这样逐步衰落，最终消失。世界的政治和经济格局因此发生了巨大变化。长期以来，全球的产业链基本都沿着海岸线配置，导致了内陆国家和内陆地区的普遍落后。“一带一路”倡议作为一个新载体，推动互联互通和各项要素流通，让中国的广大内地和许多内陆国家及地区，从商贸开放的后方一跃成为前沿。比如，中欧班列让中国新疆、四川、重庆、河南等地，以及中亚和中东欧这些原本深居内陆的地方，都成为世界商贸开放的前沿。在这个意义上，“一带一路”正在纠正过去四五百年所形成的海洋文明对大陆文明的主导地位。

如果说自“地理大发现”起，海洋文明持续影响了世界四五百年，带来整个西方世界的崛起，那么“一带一路”正在开启一个海陆文明再平衡的进程。它将会为众多国家和地区带来大量发展机遇，以及超长的增长期。所以说，从广义上讲，“一带一路”有可能推动建构一种新的地缘文明。这种新的地缘文明将超越西方传统的地缘政治与零和博弈，不再以邻为壑，而是以合作共赢为基调。当然，这肯定需要一个长期的互动与合作过程。

第三是超悠久的历史传统。中国有着极为丰富的历史资源，可以加以开发，用于塑造新型的全球关系。西方历史上有上千年的宗教战争和宗教冲突，带去无数生灵涂炭和财富损失，而中国历史上鲜有宗教战争，传统宗教非政治化，儒释道兼容并蓄，和谐共存。在今天的全球治理中，对于如何处理不同文明、不同文化以及不同宗教之间的关系等议题而言，中国的传统智慧是非常宝贵的智力资源。这意味着，中国对其他文明和文化具备尊重的基础，因此，中国也有可能为世界提供更加中性的公共产品，从而在国际事务中主持公道。举个例子，非洲国家过去大部分是欧洲大国的殖民地。欧洲大国都是以自我为中心的，不论是西非的加纳，还是东非的肯尼亚，所搭乘的航班都需要到伦敦转机。中国则不一样，“一带一路”的目的在于帮助非洲国家内部建立现代交通网络，包括高速公路网、铁路网、区域航空网。西方媒体散布的所谓“中国正在非洲搞殖民主义”谣言，在这些现实面前不攻自破。

第四是超丰富的文化积淀。这些文化积淀是中国作为“文明型国家”崛起的重要助力，也意味着中国文化传统中的许多理念和实践，包括民本主义、合作共赢、协商民主，现在可以成为引领“一带一路”的核心理念。民本主义意味着“一带一路”倡议会高度重视改善民生。政治不应该与改善民生脱节，政治一定要落实到民生方面的改善上，落实到能为百姓提供更优质服务的层面上。“一带一路”所提倡的“要致富，先修路”本身就是中国民本主义理念和中国建设实践的产物。“合作共赢”是对中国文化中“推己及人”“同舟共济”“己欲立而立人，己欲达而达人”等理念的伟大传承。“一带一路”所坚持的“共商、共建、共享”原则，在我看来，是新型国际关系的黄金法则，它近乎完美地体现了中国人信奉的“协商民主”。

如果说第二次世界大战后法、德等国于1951年达成的“煤钢联营”通过把煤炭和钢铁的生产绑在一起，结束了欧洲主要国家之间连绵不断的战争历史，从而深刻改变了整个欧洲的政治、经济和社会格局，那么中国推出的“一带一路”创举正通过国与国的互联互通，特别是政策沟通、设施联通、贸易畅通、资金流通、民心相通，改变着整个世界的经济格局，并将产生比欧洲当年“煤钢联营”更为深远的政治、经济和社会影响。

德国总理默克尔在达沃斯演讲时说：中国已经崛起了，我们西方要正视这个事实，要在国际治理中，在国际制度安排中，比方说世界银行、国际货币基金组织的改革中，让中国发挥更大的作用。但这方面我们走得太慢了，中国人就决定自己干，并且自己开始干起来了。所以他们成立亚洲基础设施投资银行、丝绸之路基金，大规模地推动“一带一路”倡议，等等。默克尔的话反映出，现代国际治理体系确实需要与时俱进，需要很多方面的改革，否则无法适应包括中国在内的整个非西方板块的崛起。例如，发展中国家对基础设施有着巨大的需求，但西方主导的国际秩序迟迟不予回应，而中国推出的“一带一路”倡议，切中时弊，一下子获得多数发展中国家的积极响应。你看，它们不积极，就怪不得中国和其他发展中国家另起炉灶了。

中国崛起是一个既定事实，是西方国家无法否认、无法阻拦的。并且，中国不仅自己崛起，还通过“一带一路”，在互动和合作中，将文明型国家的优秀理念和实践经验分享出去，推动世界朝着更好的方向发展。这既是现代中国为世界发展做出的贡献，也是古老的中国文明经过历史沉淀和时间洗礼，为人类进步提供的智慧之光。

1987年，邓小平会见坦桑尼亚前总统尼雷尔。当时尼雷尔担任南方（指发展中国家）委员会主席，邓小平对他说，你们南方委员会要处理的事情，就是南北问题，还有南南问题。人类要发展，不解决南北问题不行。发展中国家与发达国家关系问题，现在的趋势是富的越富，穷的越穷，五分之一越来越富，五分之四越来越穷。不解决这样的问题，人类就没有办法进步；发展中国家不摆脱贫困，发达国家要发展也会遇到障碍。解决办法是南南之间发展合作，并且加强南北对话。

今天我们再回顾这样的讲话，仍然有振聋发聩之感。如果发展中国家能够发展起来，可以提供更大的市场，这不仅对发展中国家有好处，对西方国家也有好处，可以说，这是对全人类都有好处的事情。但西方国家在世界范围内，玩赢者通吃的游戏已经上瘾了，要它们改邪归正并不容易。随着中国崛起，这一情况在改变，我们该说的话一定要说，该讲的道理一定要讲。而且中国有实力，不仅这么说，还带头这么做。现在有些西方国家还不适应，有点不知所措。但随着时间推移，也有些西方国家已经开始意识到与中国合作的必要性，共建“一带一路”。

王毅部长在2019年的“两会”记者会上有一段非常精彩的讲话。他说，美国有一些人想和中国脱钩，但是和中国脱钩就是和机遇脱钩，和未来脱钩，就是某种意义上和世界脱钩。这段话，很好地展示了一种中国自信。反过来说也是一样的：任何一个国家，包括中国，如果抓住了“一带一路”，就抓住了机遇，抓住了未来，某种意义上就赢得了整个世界。我想，这将是大势所趋，人心所向，是无法阻挡的潮流。

对话与讨论：“一带一路”和民族复兴

中国移动　4G 81%　下午3:47

< 对方正在输入…　…

?

大家都知道，目前中国经济面临着下行压力，经济环境也不太稳定。在此情况下，“一带一路”政策又需要耗费大量的人力物力，这对于中国经济有什么积极意义呢？

在我看来，“一带一路”就是我们抵御经济下行的有效途径之一。中美贸易摩擦，最坏的局面就是美国对我们的出口产品全部增税。实际上我们内部是有这个计算的。从目前公开的数据来看，如果美国政府对我们所有出口美国的商品全部加税，实际上也就影响我们 GDP 的 0.5%。

中国经济早就启动了深度调整的进程。中美贸易额目前是六千多亿美元，而中国与东南亚之间的贸易额现在已经达到五千多亿美元，而且一年之内增长了 11%；中非贸易额增长更快，目前为两千多亿美元，而增幅仍然保持在 20%。

此外，整个“一带一路”倡议，是我们开放政策的一部分，先是沿海开放，然后是沿江开放、沿边开放，现在是“一带

中国移动 4G 81% 下午3:47

对方正在输入...

一路”，它们是层层递进的。过去几年的时间里，云南、贵州、新疆、河南等 GDP 的增速国内领先，这里有“一带一路”的拉动作用。比如河南是一个大的交通枢纽，中欧班列从零到一万多列，已经产生这样的效应。

？

“一带一路”战略中，我国确实做了很多基础设施建设，还有大量的对外投资。您认为我们应该如何向“一带一路”沿线国家，还有西方国家，宣传我们和平崛起的思想？

我们需要把“一带一路”的故事讲好。中国智能手机相关企业，对外拓展十分神速，市场份额扩展速度罕见。它们采用的就是中国模式。美国模式类似于苹果手机，是由别人来适应；而中国企业每到一个国家，会根据当地的风俗习惯，设计适应当地的产品。比如，印度语言特别复杂，就多开发表情包；非洲人喜欢跳舞，那么手机音量要大。这就是入乡随俗，因地制宜。实际上，这背后就是两种不同的文化和理念。

中国移动 4G 81% 下午3:47

对方正在输入...

我们需要把这些中国人的理念讲给全世界。结合“一带一路”的成功案例，我们有大量的信息可以利用，可以把中国故事讲好。虽然西方主流媒体还是具有很强的影响力，但好在“一带一路”沿线国家，特别是非洲国家，有数据和民调，还有很多政府官员批驳西方媒体的论调。CNN 说肯尼亚会因为“一带一路”陷入债务危机，肯尼亚总统肯雅塔的回答可谓“一剑封喉”，他说非洲国家所欠债务的四分之三，都是西方国家的债务，巴黎俱乐部的职责就是重新安排这些债务。这些债务往往不创造生产，而我们中国修建的道路和桥梁，大都是能升值的优质资产，实实在在地推动了所在地的经济发展，孰优孰劣，一眼即可见分晓。

?

电视上经常说要“伟大复兴中国梦”，我就想，“伟大复兴中国梦”到底是怎么样一个复兴，有没有某个指标或者具体到某个时候？是要复兴到唐朝或者宋朝那个时候的状况吗？万国来朝，就是中国影响力很大的那种。我们理科生喜欢拿指标说话，您觉得“伟大复兴中国梦”有没有具体化的说法？

中国移动 81% 下午3:47

对方正在输入...

我专门写过一本书叫《中国超越》，具体讲超越美国。你仔细看习主席的十九大报告就能发现，它实际上已经描绘了一个非常清晰的图景，就是到 2050 年就应该实现民族的伟大复兴。复兴不是回到唐朝，那个不叫复兴。复兴是中国在现代世界横向的比较中，变成一流的国家——一流的科技、一流的工业、一流的军队、一流的国防，是这样一个标准，属于世界最先进国家的行列。

当然，我们从“文明型国家”角度说，过去很多历史渊源都可以变成最精致的、最重要的资源的一部分，但是它最终是一个超大型的现代国家。我特别要强调，“文明型国家”首先是现代国家，但它延续了中国文明的许多传统，包括唐朝的一些传统，这是中国非常精彩的地方。

第四章

“几十年走完几百年”
——中国工业革命的速度奇迹

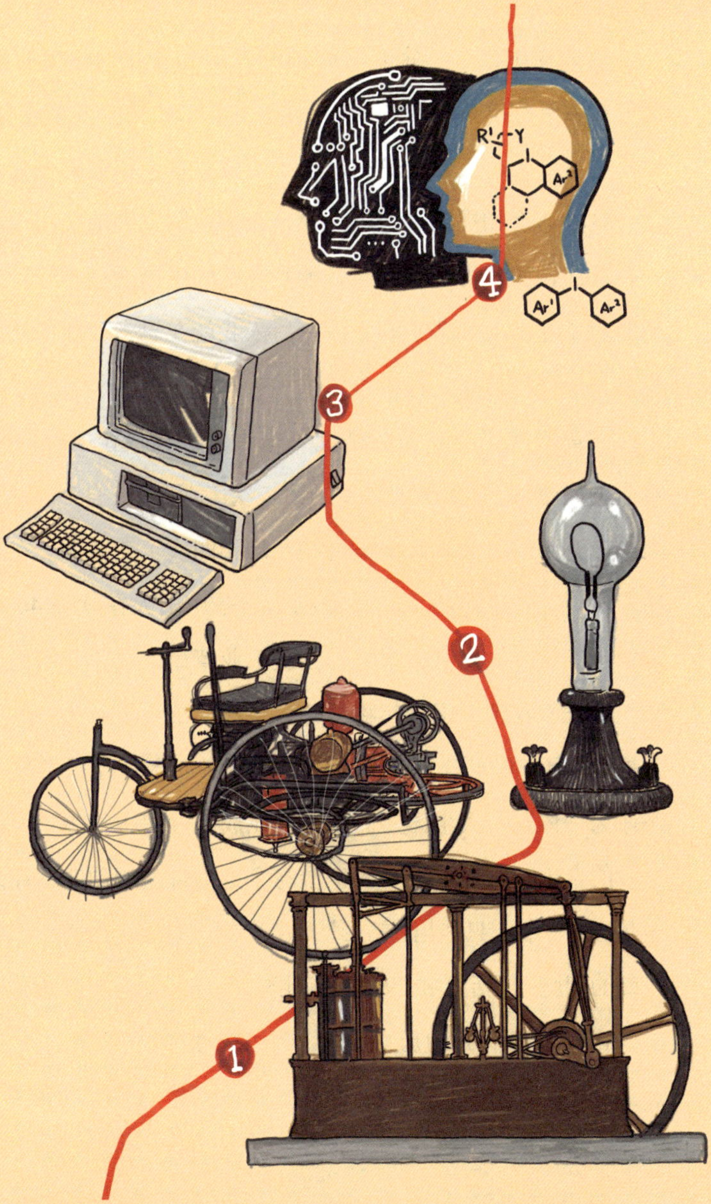

“集四次工业革命为一体”的崛起

要读懂中国，一定要对中国的发展和变化的速度有所认识和体会。我们经常听到这样一种说法，就是在中国，如果你半年没有到过一个地方，半年之后再去，就会发觉它发生了变化，甚至很大的变化。中国这样的变化、这种速度和规模，坦率地说，在其他国家和地区很少能够看到。还有一种说法，我觉得也有道理，就是现在的中国人，不管什么年龄，一生可能体验了外国人几辈子的生活。后来我就在思考，如何从比较世界历史的视角，来解释这样一种精彩。

“第四次工业革命”是近年来大家都在谈论的热门题目之一。工业革命的概念，起源于英国爆发的第一次工业革命。自18世纪下半叶起至今，大约250年的时间里，人类已经经历了四次工业革命。在我看来，中国的精彩和奇迹，大致可以这样概括，就是中国人在过去40年内，几乎完整地经历了第一次、第二次、第三次工业革命，现在开始经历第四次工业革命。因此，我把中国崛起称之为“集四次工业革命为一体”的崛起。也就是说，今天30岁以上的中国人，差不多都完全经历了这种“集四次工业革命为一体”的人生体验。很多人在成长过程中一步一步见证了中国工业建设的奇迹。当然，很多人也参与了这场奇迹的创造过程。这种经历对于多数国人来说，只能用“精彩”两个字来形容，而且这种“精彩”还在继续。我们的同胞，包括很多“90后”，甚至“00后”，会不断感受到这种“精彩”。

由于众所周知的历史原因，中国不仅错过了第一次工业革命，也错过了第二次工业革命。改革开放的40年，也是中国奋发“补课”的40年。我们工业化的速度很快，几乎是每十来年完成一场工业革命，或者基本完成一场工业革命。这40年，我们不仅补上了别人250年的课，而且在不少方面还超过了他们。

20世纪80年代到90年代初的十来年，我们国家通过大力发展乡镇企业，完成了以纺织业等轻工业为主的第一次工业革命；90年代初到21世纪初的十来年，我们大致完成了以电力、内燃机、石化工业、家用电器、中高端基础设施等为主的第二次工业革命，然后几乎与西方国家同步进入以信息化和通信产业为代表的第三次工业革命。从开始追赶到如今，我们已经成为第三次工业革命的佼佼者。目前，整个世界正在经历从第三次工业革命到第四次工业革命的转折期。以大数据、人工智能、量子通信等为代表的第四次工业革命，将极大地改善人类生活，改变人类社会的运作方式。可以说，中国已经进入了第四次工业革命的“第一方阵”。了解了这些，我们就更可以理解习近平主席在庆祝改革开放40周年时候所说的这段话：“我们用几十年时间，走完了发达国家几百年走过的工业化历程。在中国人民手中，不可能成为可能。我们为创造了人间奇迹的中国人民感到无比自豪、无比骄傲。”

更令人赞叹的是，中国“集四次工业革命为一体”的崛起，是一个完全和平的过程，没有像西方国家那样建立在血腥残暴的原始积累上，这是非常了不起的奇迹。我们可以跟欧洲近代发生的工业革命做一比较。如果以1776年英国人瓦特发明蒸汽机为标志，那么也就是18世纪下半叶到19世纪上半叶，第一次工业革命首先在英国爆发。现在西方和我们国内的一些学者认为是所谓民主、自由、法治等条件引爆了这场工业革命，显然是不符合史实的。工业革命始于18世纪下半叶，而早在这之前，英国已经依靠自己的军事力量，逐步战胜主要对手，取得强国的地位。

英国海军早在1588年就打败了主要劲敌西班牙的无敌舰队，成为新的世界海上霸主。1600年，英国成立了自己向外扩张的“国企”——东印度公司，极力拓展自己在印度和美洲的殖民活动。始于16世纪下半叶的奴隶贸易，到18世纪中叶，也就是工业革命的前夕，达到最高峰，给英国资本家们积累了丰厚的启动资金。从1689年到1763年，英国和法国之间打了四次战争，特别是第四次英法战争，英国大胜，从法国人手中获得了今天的加拿大以及今天美国密西西比河以东的全部领土。这就意味着，在工业革命发生之前，通过一个半世纪的殖民掠夺，英国已经拥有了超过自己国土面积数十倍的殖民地；通过一系列的贸易活动，包括烟草贸易、奴隶贸易、蔗糖贸易等，英国早已成为当时世界综合实力绝对领先的国家；通过国家力量，英国已经为自己打造了一个包括商品、劳动力、资本、原材料市场在内的统一的跨国市场。

简而言之，所谓的工业革命，一般具有以下四个特点：一是革命性的新技术，二是非常强势的政府，三是超大规模的生产能力，四是世界范围内的要素流动与产品销售。以此为框架，我们可以简单地梳理一下中国的工业革命历程，也就是我讲的过去40年中所发生的“集四次工业革命为一体”的奇迹。

中国的第一次工业革命，大约从1978年的改革开放开始，到1995年前后基本完成。它有两个标志：一是乡镇企业异军突起，其产品很快就占领中国普通消费品市场的半壁江山；二是自1988年开始的沿海开放战略，使世界的劳动密集型制造业开始转移到中国，让中国生产的普通消费品走向全世界。

中国的农村改革始自家庭联产承包责任制。这场改革解放了农村生产力，很快解决了多数农民的温饱问题，使剩余劳动力得以流向乡镇企业。乡镇企业分布广，大部分都集中在劳动密集型产业，特别是纺织业、农副产品加工业，以及其他轻工制造业。它主要依靠市场调节，员工亦工亦农比较灵活，因此能够适应市场变化的各种需求。

1988年，中央提出了“沿海发展战略”，叫“两头在外，大进大出”。所谓“两头在外”，就是原材料进口这一头在外边，销售出口这一头也在外边，把整个沿海地区的产业，放到国际市场上竞争。当时的国际大背景是，一波新的全球化浪潮袭来，随着劳动力成本的升高，许多发达经济体开始调整产业结构，将劳动密集型产业转移到劳动力成本比较低的地方。当时中国沿海地区的人口近两亿，和美国人口大致相当。而且中国的人力资源受教育水平较高，相对便宜。此外，中国具有初步的、比较完善的基础设施，中国的科研开发能力也比较强。其实，我们从中也可以看出，40年改革开放的成功，离不开中华人民共和国前30年建设所奠定的基础，包括国家独立、政治体制安排、土地改革、教育普及，以及妇女解放等一系列因素。中华人民共和国创造了很好的初始条件，使得当时对外开放的中国能够吸引外资，最终成长为今天这个经济规模。

现在回头想想，中央当时这个“两头在外，大进大出”的决定是很大胆的。当时国务院提交给邓小平一份《沿海地区经济发展的战略问题》的报告。邓小平批示道：“完全赞成。特别是放胆地干，加速步伐，千万不要贻误战机。”邓小平是军人出身的政治家，用词也带有浓厚的军事色彩，“千万不要贻误战机”是他一贯的风格。这个战略的实施，促使世界许多地区的劳动密集型制造业开始向中国转移，有力地推动了中国的第一次工业革命，也为后来的第二次工业革命铺平了道路。

对于普通中国人而言，第一次工业革命给他们留下的印象就是，整个国家开始动起来了。人人都想摆脱贫困，走向富裕。人民的梦给唤醒了，社会的每个细胞都调动起来了。当时有个调侃的说法，叫作："十亿人民九亿商，还有一亿跑单帮。"这说得显然是相当夸张了，但很能反映当时神州大地活力迸发的热闹景象。其实，今天一些我们熟知的企业家，包括任正非和马云，当时真的是在跑单帮。华为的任正非，当时手拉肩扛地在三四线城市为香港公司做代理，推销程控电话设备。年轻的马云开了一家翻译社，请退休的大学老师帮忙做翻译，顺便还卖一些鲜花、礼品、药品和杂货。他曾经就在离东方卫视不远的地方到处揽活。人家看着他那样子还有点犹豫，都不愿意把翻译这活儿给他。但是，今天上海就在后悔为什么当年没有把马云留在上海。所以我们千万不要小看现在大胆创业、勇往直前的年轻人，他们中间可能就有未来的任正非或马云。

我自己把中国的第一次工业革命完成的时间节点定在 1995 年左右，主要理由是，这一年有一些标志性的事件发生。第一个标志性事件是从国家宏观目标的角度来看的，邓小平在改革开放之初，确定了到 2000 年中国国内生产总值要翻两番的目标，也就是我们讲的达到"小康"水平，这个目标在 1995 年提前完成。第二个标志性事件就是在 1995 年，中国成为世界最大的纺织品生产国和最大的纺织品出口国。纺织业经常被视为第一次工业革命的代表，所以此时我们在数量方面做到了世界第一。另外，也是在 1995 年前后，中国在全国范围内正式告别了票证制度。我们这一代记得非常清楚，当时有粮票、油票、肉票、布票、自行车票等各种各样的票，拿着票才能购买食品和生活用品。这些票证是计划经济年代的专属印记。到了 1995 年，"短缺经济"结束了，人民生活水平基本达到了小康水平。

另外，在第一次工业革命期间，中国的初级基础设施，包括普通公路、铁路、民航，都发展得比较快。中国在推动“一带一路”时候所说的“要致富，先修路”，实际上也是中国第一次工业革命积累的经验。

我把中国第二次工业革命的起点定在 20 世纪 90 年代初，完成的时间在 2010 年左右。我自己比较倾向于把 1992 年邓小平南方谈话作为中国第二次工业革命的起点，因为这次谈话是一个标志性事件，可以说是中国在 1978 年第一次思想解放之后的第二次思想解放。如果说第一次思想解放——“实践是检验真理的唯一标准”，某种意义上预示了中国的第一次工业革命，那么邓小平的南方谈话，可以说是中国第二次工业革命的发号令。

1992 年前后，第一次工业革命即将完成，中国在重化工业、电子工业、能源工业、家电工业、制造业、城镇化和中高端基础设施方面出现了全面需求。也是在这一年，中国正式提出了“社会主义市场经济”模式，上海的浦东开发计划迈出了实质性步伐，广东省提出 20 年内要赶上亚洲“四小龙”。同年，中国还出台了《有限责任公司规范意见》和《股份有限公司规范意见》。因此，1992 年经常被称为中国公司的元年。中国有史以来最大的企业家群体开始在中国兴起，其中有很多优秀的企业家至今仍然非常活跃。

第二次工业革命的一个主要标志，是 2001 年中国加入世界贸易组织，以及加入之后给中国和世界带来的巨变。中国加入这个全球最大的多边贸易体制，促进了各种生产要素和产品在世界范围内的流通和配置，为中国产品开辟了有史以来最广阔的市场。由于全球化带来的竞争压力，西方的制造业也开始大规模地转移到中国，这一切大大加速了中国第二次工业革命的进程。

我之所以把中国第二次工业革命基本完成的时间定在 2010 年左右，

是因为这一年前后有几个重要的标志性事件。首先是到 2009 年，中国的钢消费占全世界的 50%，铝消费占 41%，铜消费占 36%。还有一个最重要的标志就是，2010 年中国超过了美国，成为世界最大的制造业国家。要知道，在 1990 年的时候，中国制造业占世界制造业的比重是 2.7%；而到了 2010 年，这个比重变成了 19.8%，接近 20%。换言之，中国在 2010 年成为世界制造之首，成为世界最大的工业国。过去我们不用“发达国家”这个概念，而是用“工业化国家”来描述，中国已经成为最大的工业化国家，而且中国内部形成了全世界最大、最全面的配套产业链。2012 到 2013 年，中国成为世界最大的货物贸易国，同时开始形成世界最大的中产阶层。

对于普通中国人来说，第二次工业革命给人印象最深的，大概就是“整个中国开始亮起来了”。1978 年，中国人的用电量只有 2500 亿千瓦 · 时，

▲ 中国首座“超级镜子电站”——敦煌 100 兆瓦熔盐塔式光热发电站

农村地区大部分还没有电，城市电网不稳定。到 2010 年的时候，中国人的用电量已经是 4 万亿千瓦 · 时，而中国的发电量在 2011 年超过了美国。过去我们到国外的城市，感觉人家就是亮，我们就是暗。现在情况反过来了，我们变亮了，他们看着变暗了。

在那个时候，华为公司的任正非做出了一个战略决定，进行独立研发。他从模拟通信设备做起，刚开始做出的产品卖不掉，确实有一些损失，因为碰上了数字通信产品。可以说他是直接从第二次工业革命转入第三次工业革命。此时的马云还在做翻译，1995 年他以翻译的身份，到美国加利福尼亚州去参加一个高速公路项目的融资谈判，这也算是马云在第二次工业革命中的一个简单参与。结果项目没有谈成，他倒是发现了美国的互联网。他悟性了得，回国后就做“中国黄页”。马云也是从第二次工业革命直接进入到第三次工业革命的代表人物。

中国的第三次工业革命，可以说几乎与第二次工业革命同时爆发。如果我们以 1994 年中国首次获准接入互联网作为起点，那么这场革命延续至今仍然没有结束。以信息化和通信产业为代表的这场工业革命，在中国进展神速。起初的时候，中国是追跑，然后是并跑，现在则在不少领域里开始领跑，成为第三次工业革命的佼佼者。大家回忆一下我们使用的手机品牌的变更，从诺基亚、爱立信，到苹果、三星，到今天的华为、小米等许多国产品牌，背后折射出的是中国人在这场工业革命中，从 2G 到 5G 一路追赶到超越的历程。

20 世纪 90 年代初，世界数字通信进入 2G 时代。当时欧洲使用的是 GSM 标准，美国使用的是 CDMA 标准，欧美之间互相竞争，中国只能当个寂寞的旁观者，那时候国内用的设备大多是爱立信的。从 3G 开始，中国开始参与标准制定，提出了中国人自己的 TD-SCDMA，后来与欧洲标准、美国标准并列为三大3G国际标准。当时，对于中国人做自己的标准这件事，国内的意见是不统一的，因为当时我们的产业链建设还不成熟，很多国内外企业厂家不愿意用。最后，如果我没有记错的话，是中国移动公司拿了牌照带头使用，这才打破了尴尬局面。当时很多中国“公知”都在骂，说用欧美标准挺好的，为什么还要浪费钱自己制定标准。现在中国人都懂了，标准竞争才是最重要的竞争。我们制定标准，我们说了算。

好在中国在这场移动通信的标准之争中，面对争议和质疑坚持下来了。到了4G时代，工信部颁发4G牌照，中国三大运营商拿到的都是中国TD-LTE牌照，这是国家对中国占有话语权的TD标准的最重要支持。此后，中国技术和中国标准，开始逐步走向成熟，而它背后，有着世界最大的移动通信市场，这是我经常强调的一个文明型国家的规模效应。到了5G时代，中国的华为公司就开始占据引领地位了。中国在5G应用方面，领先了其他国家一大截子。

现如今，以大数据、人工智能、量子通信为代表的第四次工业革命正在发生，正在改变整个人类社会的运行方式，改变所有人的生活方式。而中国，正站在这次革命的前沿。我们多数国人在过去数十年中都经历了从农业文明到工业文明再到信息文明的进程。欧洲现在还在用工业文明的眼光看信息文明，所以抵触比较大。中国人的态度是更加开放的，一种新的文明形态不可避免地来了，我们就拥抱它。发展中产生的新挑战，会相应地产生新规则、新伦理，中国人的做法是，在发展中解决问题。人类要探索，勇于面对新挑战是不可避免的，我觉得中国人的这种态度是对的，以宽容开放的心态去迎接未来，才能赢得更大的未来。

集四次工业革命于一体的这种崛起，具有划时代的意义。我们是唯一能够向全世界提供四次工业革命的产品、服务和经验的国家，这是很了不起的。在“一带一路”沿线，你需要的产品中国都能提供。比如说肯尼亚的蒙内铁路，中国提供的是第二次工业革命产品——内燃机的机车，但是我们也给它们留下了升级为第三次工业革命产品的可能，即一流的通信设备、一流的电力设备。全产业链的服务产品我们都可以提供。“一带一路”在发展中国家如此受欢迎，也是我们国家工业发展成就的一个很好的佐证。

中国已进入第四次工业革命的“第一方阵”

有人认为中国的崛起实际上就是从低起点起步，并不值得太多的夸耀，就好比班里的一个后进生，从 30 分提到 60 分很容易，从 60 分提到 90 分恐怕就没那么容易。我之所以讲“集四次工业革命为一体”，就是中国已经完成了第一次、第二次工业革命的补课，在第三次工业革命中从追赶到领先地位，而在第四次工业革命中，中国已处于第一阵营，坦率地说，欧洲已经没法与我们竞争。这已经不是刚才讲的从 30 分到 60 分了，而是到 90 分了。华为崛起只是代表之一，实际上中国还有很多其他公司非常低调，但其实做得非常出色。在企业界、产业界、科技界、国防工业界，都有这么一大批团队，做得非常好，是世界一流的水准。

科技的发展和国家的进步，不光是科学家和工程师的事，它需要每个人的参与。现在我们很多新的技术和设备，只有在应用的过程中，由于消费者遇到现实问题，再去升级和完善，才能够得到更大规模的应用。我们的消费者规模巨大，它产生迭代升级的效应更快，这就是我们的产品水平快速提升的最大助力。最终我们拥有了足够完善的技术和足够广泛的用户数据，能够进入世界市场竞争，并参与这个领域的规则制定。我们现在有 4 亿人的中等收入阶层，有总共 14 亿人民对美好生活的向往，这是我们发展的最大底气所在。

应该说，中国已经超越欧洲，进入了第四次工业革命的“第一方阵”。欧洲落后的原因之一就是，它们到现在都没有自己的搜索引擎，过去它们还嘲笑中国，说中国不能上谷歌（Google），不能用脸书（Facebook），结果现在突然发现自己的大数据掌握在美国人手里。因此，在第四次工业革命中，可以直白地说，欧洲已经出局了，因为这次工业革命最大的资源就是大数据。大数据，相当于能源革命中的石油。

现在，中国在智能手机、移动支付、即时通信、网络购物、外卖配送等领域，在世界范围内都处于领跑地位。而且，部分第三次工业革命的产品，也越来越多融入了第四次工业革命的元素，特别是大数据和人工智能。这场革命显然在改变中国、改变整个世界。对于普通中国人来说，这场革命给人印象最深的大概就是：“整个中国连起来了，整个中国快起来了，整个世界都连起来了。”还有就是“一部手机，全部搞定”。这种不可思议的便捷程度，到现在为止全世界只有中国一个国家做到了。

其实中国以前也经历过很多工业化的尝试。比如近代中国进行的“洋务运动”和“辛亥革命”，以及新中国成立初期，进行了很多次工业化尝试。为什么这些尝试都没有能够成功地引爆工业革命呢？我自己研究工业革命，有一个初步结论，就是一个成功的工业革命，至少需要三个条件：一是比较强势的政府，西方国家的崛起，都是持剑经商，政府掌控暴力推

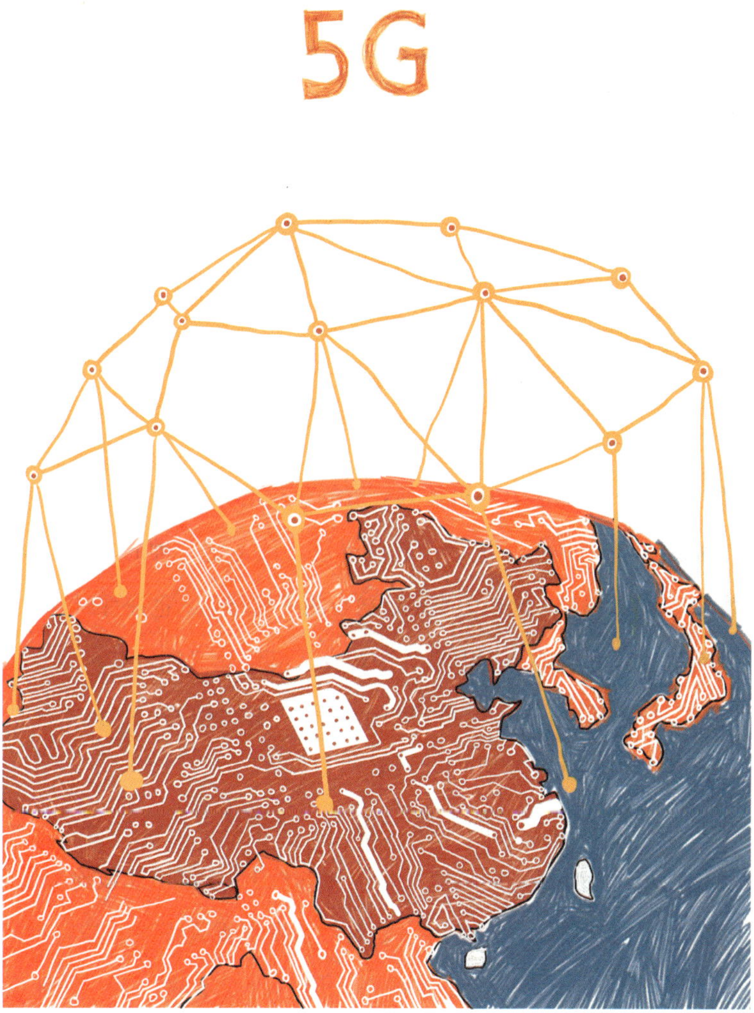

▲ 5G 实现万物互联互通

动商业发展，当然，今天这个方法不再适用，但是政府要推动工业化还是需要具备国家能力；二是要有广泛的社会参与，要把社会每个细胞都动员起来；三是市场规模一定要大，而且要是国际化的市场，不光是国内的市场。

用这三条标准来看，“洋务运动”过程中的政府非常弱，当时清廷刚刚经历过两次鸦片战争，割地赔款，政府缺乏能力。整个社会中的多数人也根本不了解什么是“洋务运动”，只有政府里的小部分人在主张。此外，中央政府与地方政府还有矛盾，市场就更加狭小，国际市场几乎没有。民国时期也是一样的道理。民国尝试了美国的政治制度，导致国家四分五裂，变成军阀混战。民国政府是分裂的，社会是分裂的，市场是分裂的，所以形成不了真正的工业革命。

中华人民共和国的前 30 年，探索还没有完成，还没有找到一条工业革命成功之路，但是这个探索是有价值的。政治体制的建立，独立的国防体系的发展，特别是抗美援朝，我觉得这一仗是定乾坤的，为后面 60 余年的和平奠定了基础；比较完整的、初步的工业体系，也在那时建立起来；土地改革建立起我国的土地制度，中国今天能够建高速公路，建这么多的 4G 基站，还有 5G 基站，与我们的土地制度密切相关；妇女解放，使得中国妇女成为中国全面发展的生力军。

但是，当时也有一定的问题。其一，就是对市场持有不小的疑虑，当时的国内市场相当小，同时缺乏全球化的机会；其二，从政府角度来谈，当时可能还在过多地强调阶级斗争，对经济发展重视程度总是有点不够；其三，在社会层面上，社会不够成熟，活力程度不够。我们是那个时代的过来人，现在回想起来真是很有感触的。比方说“大跃进”，要生产五百万吨钢，这个就是没有尊重经济规律。而如今，中国的钢产量稳居世界第一。

为什么中国能够在一代人多一点的时间里实现“集四次工业革命为一体”的崛起？我简单地总结三点。

第一，因为中华人民共和国在前30年的建设中打下了基础，包括土地改革、教育普及、妇女解放，包括独立的国防体系、初步的工业体系、初步的科技体系等。

第二，因为我们整个的发展方针是民本主义导向的改革开放。我们乐于学习别人的一切长处，只要有利于改善人民生活水平，我们就去试验，试验的效果好就去落实，但是在这个过程中绝不盲从。

第三，因为我们的历任最高领导人都高度重视科技，重视科技对经济和社会发展的引领作用。这是非常重要的。正是中国领导人的战略眼光和前瞻意识，让中国抓住了一次又一次跨越式发展的机遇。第一次、第二次工业革命时，邓小平说出“发展才是硬道理”“科学技术是第一生产力”这些真知灼见；到江泽民的时候，中国加入WTO，接入互联网；现在习近平主席的态度也是非常明确的，关注新旧动能转化，关注新的经济增长点。我曾说过，习近平拥抱2050，拥抱新经济；特朗普拥抱1950，恨不得纺织、钢铁、煤炭产业都要回到美国，这是两种完全不同的思路。

我们要知道，新中国成立70多年，我们的改革开放也已经走过了40多年的历程。中国逐步实现由站起来，到富起来，到强起来的飞跃。远的不说，在改革开放时代，中国对整个时代的判断是“和平与发展”，这对中国的成功非常重要。而与此同时，西方对这个时代的定位与我们形成了鲜明对比。他们在乎“第三波民主化”，在乎“民主还是专制”，到处推动颜色革命。苏联怎么定位的？当时最后那位领导人戈尔巴乔夫提出，“全人类利益高于一切”。这个听上去很好，人类利益是很重要，我们也讲人类命运共同体，但他不知道西方虎视眈眈地要吃掉苏联，苏联内部也有民族矛盾。此外他提出“人道的民主的社会主义”，听上去也都挺好，但结果是向西方普世价值投降了。

这就是抽象地谈民主导致的结果。最后戈尔巴乔夫完全接受西方的定义，西方的民主才是民主，苏联的民主就不是民主。有一个苏联的前副外长，专门负责跟美国谈判人权，我看了他后来写的回忆录。他说我越跟美国代表谈人权，越觉得美国代表讲得真对，虽然我表面上讲得跟他不一样。找戈尔巴乔夫汇报跟美国的人权谈判进程时，这位副外长发觉，戈尔巴乔夫跟他想的一样。政治高层的价值观已经如此，苏联最终崩溃解体就不足为奇了。

有时候我确实觉得，我们中国人讲的很多东西，虽然我们现在听得多了觉得是套话，但是拿到世界上都是很重要的价值观。比方说，和平与发展，世界上多数国家都期望和平与发展，这是真正的时代潮流。我们中国把握住了这个潮流，走和平发展道路，所以中国成功了。

现在中国的科技发展遭遇西方封堵是不可避免的。听说美国有个议员提出一个法案：禁止进口中国制造的列车设备，理由是中国可能拿列车系统来对美国进行间谍活动。这个在我们听起来是很不理解的。以 20 世纪 80 年代的美国为例，它没有生产过自己的列车设备，都是从日本的川崎重工、加拿大的庞巴迪、法国的阿尔斯通进口，但那时候它没有提出任何问题。所以目前对中国技术设备的封堵，其实就是暴露了一种担忧。在中国科技的崛起面前，西方的信心在逐渐地丧失。

中国只要做好自己的事情，继续发展科技，自然会赢得市场和客户。例如，欧盟正在考虑使用中国的 5G 技术。而美国则在对德国使用华为技术提出警告，说德国一旦使用华为技术，将停止或者减少情报共享。德国的情报是很依赖于美国的，但在这一威胁面前，它还是要坚持使用中国技术，因为这对它来说是不可或缺的。我们要坚定信心，自信满满地在未来创造更多的奇迹。

对话与讨论：中国发展的优势

中国移动 81% 下午3:47

对方正在输入…

?

美国持续加大对中国发展的打击，那么这是否意味着中国改革开放 40 年来的黄金发展期已经结束？

不会的。当 2010 年中国制造业总量超过美国，基本上这就是英文语境中的 tipping point（转折点）已经过去了。今天中国制造业总量是美国、德国、日本之和还要多一点，这就意味着它根本没有办法阻止中国崛起。

现在来看，第四次工业革命的“第一方阵”，坦率地讲就是美国和中国，你有你的优势，我有我的优势。而且随着大数据技术的发展，我们会在大数据上占据绝对优势，因为我们的人口是他们的 4 倍多。在大数据时代，数据相当于能源革命中的石油，缺乏数据的行为体想要参与竞争是非常难的。

另外就是制度优势。很明显，在规划能力、战略定力、改革能力和整合能力方面，美国都比中国要弱一些。所以我觉得，

中国移动 81% 下午3:47

对方正在输入…

中美某种程度的交锋是避免不了的。但是过了一段时间之后，它知道确实是没有办法阻止你，最后可能的大趋势就是"如果打败不了你，就加入你"。

究竟是什么造就了如今良性发展的中国经济？

最重要的一点是我们的哲学基础，即实践理性。我们不相信任何教条，只相信实践是检验真理的唯一标准。所以我们任何的新措施，都要先试验一下。回过头来看这40年，全球化是西方推动的，包括政治全球化和经济全球化两部分。但中国当时做的决策是参与经济全球化，拒绝政治全球化。就这一个决定，现在看来对中国意义深远。哪怕是对于经济全球化，中国对于资本市场放开的态度，也是相当慎重的，也注重趋利避害，这是一个例子。

另外一点就是我们的开放政策，开放的大方向是极其重要的。邓小平老说我们落后的一个重要原因是自我封闭。中国人很聪明，一开放中国人就会发觉别人这个地方做得比我好，就愿意去学习，而且学习之后，还想办法把它超越。

第五章

影响世界的中国经验和理念

中国从“立”到“强”的发展历程

2019 年 10 月 1 日是一个伟大的节日，这一天是我们庆祝中华人民共和国成立 70 周年的日子。回望历史，述说成就，感慨万千。新中国成立的这 70 年中，前 30 年，我们完成了重要的基础建设，主要是政治基础和社会基础，也奠定了基本的工业基础，此外还有国防科技等其他方面重要的基础建设，所以我说这叫“三十而立”。随后，在这些基础上，我们实现了“四十而不惑”。在过去 40 年中，我们几乎是以每十来年完成一场工业革命的速度，从追赶到并跑，再到不同领域内的超越，现在实际上已经进入第四次工业革命的第一方阵。而且更重要的是，我觉得我们找到了自己成功的道路，我称之为中国道路或者中国模式，在这个意义上可以说我们“四十而不惑”。今天根据购买力平价，中华人民共和国事实上已经是世界上最大的经济体。我们创造了世界最大的中产阶层，我们有世界最完整的产业链，我们消除了世界最多的贫困，我们具有世界最大的外汇储备，我们还向世界输出最多的游客……我们还有很多其他的成就。面对这一切，我们感到由衷自豪。我想这一切已经并将继续改变整个世界的格局。

1949 年 10 月 1 日中华人民共和国的诞生，是开天辟地的大事。从这一天开始，中国历史翻开了全新的一页。它改变了中华民族的历史，改变了整个人类历史的进程。这一天，中华人民共和国的缔造者毛泽东主席心潮澎湃，他在开国大典前讲过这么两段话，可以反映出他当时的心情。一段话是这样说的："我们有一个共同的感觉，这就是我们的工作将写在人类的历史上，它将表明：占人类总数四分之一的中国人从此站立起来了。"另一段话是："中国人民将会看见，中国的命运一经操在人民自己的手里，中国就将如太阳升起在东方那样，以自己的辉煌的光焰普照大地，迅速地荡涤反动政府留下来的污泥浊水，治好战争的创伤，建设起一个崭新的强盛的名副其实的人民共和国。"

开国大典是下午三点整开始的，当时主要考虑的一个问题是安全，因为国民党虽然兵败如山倒，但是还能从尚未解放的浙江舟山群岛出动飞机轰炸北京。把开国大典的开始时间放在下午三点，这样空袭的可能性就大大降低，因为当时轰炸机的夜航能力非常弱，如果真敢出动，估计来了

▲ 祝福祖国生日快乐！

就回不去了。当天下午两点时，毛泽东主席在中南海勤政殿主持了中央人民政府委员会的第一次会议，通过了《中国人民政治协商会议共同纲领》，宣布中华人民共和国成立。随后，毛主席和朱德、刘少奇、周恩来等领导人，驱车前往天安门城楼。下午三点整，开国大典隆重开始，毛主席走到麦克风前，向全世界宣布：中华人民共和国中央人民政府成立了。顿时，整个广场欢声雷动。接着毛主席按动电钮，在代国歌《义勇军进行曲》的旋律中，升起了第一面五星红旗。54 门礼炮齐鸣 28 响，象征从 1921 年中国共产党诞生，到 1949 年新中国成立这 28 年间，中国人民为民族解放所进行的英勇斗争。

新中国的两个伟大符号——国旗和代国歌也诞生了。它们有着非同寻常的历史。五星红旗的设计者来自上海，名叫曾联松，他不是专业设计师，而是年仅 32 岁的业余美术爱好者，也是一位饱经战乱的热血爱国青年。当时上海刚解放不久，曾联松对即将成立的新中国充满了憧憬和期待。7 月，他从报纸上看到了新政协筹备会刊登的征求国旗图案的通知，决定尝试一下，然后夜以继日地构思设计，灵感来自仰望星空时“盼星星，盼月亮”这一联想。

他决定以大五角星来象征中国共产党，以几颗小星环绕大星来象征广大人民围绕在党的周围，团结奋斗，从胜利走向胜利。但究竟应该有几颗小星，这是他的一个纠结。后来当读到毛主席在《论人民民主专政》一文中讲的人民包含四个阶级——工人阶级、农民阶级、小资产阶级和民族资产阶级时，他决定画四颗小星，分别代表四个阶级，同时也可以从广义层面指全体中国人民。接着他又反复构思如何在旗帜上放置这五颗星。起初他是把大星小星都放在旗帜中间，但感觉画面比较呆板局促。又经过反复修改，最后把五颗星挪到旗帜左上方，顿时有了一种视觉开阔、星光照耀大地、辉煌灿烂的感觉。

他把这份设计定稿寄给了新政协筹委会。毛主席看了非常喜欢，在政协讨论国旗设计方案时说，这个图案表现了我们革命人民大团结，现在要大团结，将来也要大团结，现在也好，将来也好，又是团结又是革命。曾联松本人也收到了中央人民政府办公厅给他的感谢信，上面写着：曾联松先生，你所设计的中华人民共和国国旗，业已采用，兹赠送人民政协纪念刊一册，人民币五百万元（相当于后来的500元），作为酬谢你对国家的贡献。一位普通的上海热血青年的才华和奋斗，铸就了一段流芳百世的辉煌。

用《义勇军进行曲》作为国歌，是著名教育家、新中国的第一任教育部长马叙伦先生的提议。《义勇军进行曲》诞生于1935年。1931年“九一八事变”后，日本侵华战争唤起了中国人绝不当亡国奴的吼声。1934年，时任中国左翼作家联盟领导人，也是剧作家的田汉，决定写一个以抗日救亡为主题的电影剧本。由于时间仓促，他就把自己创作的这个电影主题歌的歌词写在香烟盒的衬纸上。刚刚完成电影的故事梗概和歌词，他就被国民党政府逮捕了。聂耳看到这首歌词，特别是“起来！不愿做奴隶的人们！把我们的血肉，筑成我们新的长城！”这句，被深深地打动。当时聂耳才23岁，在上海联华影片公司二厂担任音乐部主任。他是经田汉介绍加入中共的。聂耳不顾个人安危，主动要求为这首歌作曲。据他的友人回忆，在创作《义勇军进行曲》时，他住在淮海中路的一所公寓里，“几乎是废寝忘食，夜以继日，一会儿在桌子上打拍子，一会儿坐在钢琴前弹琴，一会儿在楼板上不停地走动，一会儿又高声地唱起来”。据说为了唱起来更流畅，聂耳还对歌词做了一些小小的修改。比如田汉的原文“我们万众一心，冒着敌人的大炮飞机前进”，聂耳改成了“我们万众一心，冒着敌人的炮火前进！前进！前进！进！”。这首歌是电影《风云儿女》的主题歌，在上海灌制成唱片后，迅速传遍整个中国大地，极大鼓舞了中国人民的抗日战争。直到今天它仍然鼓舞着中华儿女奋力前行。

在新政协讨论国歌时，大家对这首曲子没有争议，但对歌词“中华民族到了最危险的时候”这一句有些议论，甚至连田汉本人都认为可以修改一下。但梁思成、黄炎培等人认为，这首歌曲是历史的产物，曲和词最好都不做修改，还以法国《马赛曲》为例来说明这个问题。毛泽东主席和周恩来总理也同意他们的看法，认为新中国要“居安思危”。周恩来当时还说：“用原来的歌词才有那种感觉。修改以后唱起来就不会有那种情感了。”最终，新政协一致通过《义勇军进行曲》为中华人民共和国代国歌。随后，毛主席、周总理和大家一起放声高唱《义勇军进行曲》。可惜今天找不到当时的影像资料了，否则那画面不知道会感动多少人。

开国大典那天，奏代国歌和升旗仪式之后，毛主席宣读《中华人民共和国中央人民政府公告》，向全世界郑重宣告：“本政府为代表中华人民共和国全国人民的唯一合法政府。”公告宣读完毕后就开始阅兵式，由人民解放军陆海空三军组成的方队，通过主席台接受检阅。参加阅兵的部队几乎都是直接从战火硝烟中走来，走过天安门，走向新中国。其中很多将士开国大典后不久就再次奔赴前线，解放尚未解放的国土，包括大西北和大西南。邓小平、刘伯承就是参加完这个仪式后于10月21日奔赴汉口，去指挥解放大西南。

我们的人民军队从小到大，从弱到强，一路走来，最终成为令敌人闻风丧胆的钢铁长城，成为对“台独”“藏独”“疆独”“港独”等一切敌对势力的最大震慑，捍卫着中国今天来之不易的崛起。在开国大典的阅兵式上，海军和空军才刚刚组建。大家可能记得，开国大典上实际上只有十来架飞机。由于数量少，周恩来总理便安排第一组飞行队绕一圈后，回来接着后面的一组再飞一圈，让场面更壮观一些。这使我想起了 2015 年九三大阅兵时，一位网友发的一条感动无数国人的微博，那是一张周恩来总理站在天安门城楼凝思远望的照片和一段令人触景生情的文字：开国大典的时候飞机不够，您说飞两遍吧。现在再也不需要飞两遍了，要多少有多少。这盛世，如您所愿，山河犹在，国泰民安。当年送您的十里长安街，如今已是十里繁荣。

当时我们的海军也才刚刚在江苏泰州组建，没有几艘像样的战舰。但今天我们已拥有了航空母舰、055 型驱逐舰这样的一大批一流舰艇，而且具备了大家说的像“下饺子”一样的制造军舰的能力。我们为人民军队建设取得的巨大成就和国防科技工业的辉煌业绩，感到由衷自豪。

开国大典后还有三件事也值得一提。一是人民英雄纪念碑的建造，二是国徽的设计，三是被称为第二国歌的《歌唱祖国》的诞生。1949 年 9 月 30 日，开国大典前一天，傍晚 6 时，毛泽东主席率领全体政协委员在天安门广场举行了人民英雄纪念碑奠基仪式。在这个仪式上，毛主席宣读了由他亲自撰写的碑文：“三年以来，在人民解放战争和人民革命中牺牲的人民英雄们永垂不朽！三十年以来，在人民解放战争和人民革命中牺牲的人民英雄们永垂不朽！由此上溯到一千八百四十年，从那时起，为了反对内外敌人，争取民族独立和人民自由幸福，在历次斗争中牺牲的人民英雄们永垂不朽！”后来毛泽东主席又为纪念碑亲笔题了八个大字：人民英雄永垂不朽。主席当时一共写了三遍，并向工作人员交代：请专家们多提意见，问哪一幅可以用，如果他们认为写得不好，也可以从这三幅字中选一些可取的字重新编排，也可以重写。

毛主席撰写的碑文总共 154 字，由周恩来总理亲笔题写。据回忆，

▲ 矗立在天安门广场的人民英雄纪念碑

为了写好这段文字，一段时间内，总理每天早晨起床第一件事就是写一遍碑文，先后写了 40 多遍，直到满意为止。我想，这些细节都展示了我们的开国元勋、我们的两位领袖人物对革命先烈的无限追念和敬重。人民英雄纪念碑是 1952 年正式开工的，1958 年 4 月正式落成，这也是新中国第一座大型纪念性的建筑工程。

国徽的设计起初也和国旗一样，采取征集社会稿件的方式，共收到了 112 件。但筹备组对应征稿件不够满意，由于设计国徽比设计国旗对专业性的要求更高，于是决定不再进行社会征集，而是“另请专家拟制”。这一决定确保了质量，但也就意味着无法在开国大典前完成设计。虽然这是一种遗憾，但是大家都觉得质量更重要。筹备组邀请了两个团队，一个是梁思成、林徽因牵头的清华大学团队，一个是张汀牵头的中央美院团队，分别进行设计。两组设计方案最大的差别是有没有“天安门”这一主题图案。当时有人认为天安门代表了封建皇权，但更多的人认为天安门是五四运动的爆发地，是举行开国大典的地方，也包含了中华文明的某种传承，绝大多数人认可保留天安门的构思。所以最后的方案是以清华大学团队设计的方案为主，融入了天安门主题图案。

1950 年 6 月，中央人民政府召开了一次会议，通过了中华人民共和国国徽图案，并在新中国的第一个国庆节即 1950 年国庆节前的 8 月中旬，将第一枚金光闪闪的国徽悬挂在天安门城楼上，此时距离第一个国庆节只有 40 多天了。

大约在同一时期，无锡出生的音乐家王莘出差路过天安门广场，此时天安门城楼已经装饰一新，蓝天下五星红旗迎风飘扬，北京城到处是新中国人民建设新生活的勃勃生机，这一下子触动了王莘的创作灵感。他文思泉涌，在从北京去天津的列车上就开始创作，然而当时竟找不到书写的纸张，最后只找到了一个空的烟盒，就立刻拆开来在上面奋笔疾书：“五星红旗迎风飘扬，胜利歌声多么响亮，歌唱我们亲爱的祖国，从今走向繁荣富强……”他写得十分顺畅，到家后又熬了个通宵，这样这首被称为中国第二国歌的传世杰作就诞生了。

王莘自幼受到民间音乐的熏陶，酷爱音乐，但家里穷得连中学都供不起。他 14 岁来到上海，在先施百货公司当一名见习店员。受到上海民众掀起的抗日救亡爱国运动的影响，他怀着强烈的爱国意识，结识了左翼进步音乐家冼星海、吕骥、孙慎等人，参加抗日救亡歌咏运动，积极宣传抗日。抗战爆发后，他毅然奔赴延安，成为鲁艺的学员，并成为冼星海的学生。冼星海很器重这位有才华的学生，把自己创作《黄河大合唱》时使用过的一支铅笔赠送给了他，希望他也能创作出一流的音乐作品。果然，王莘没有辜负冼星海的期望，创作了这首真情流露、深受人民喜爱的歌曲《歌唱祖国》。当时没有媒体炒作，没有商业包装，但从心中流淌出来的歌就是能打动人，这首歌就像长了翅膀一样，迅速传遍大江南北、长城内外。后来在一次全国政协会议上，有人把王莘介绍给毛主席。毛主席握着他的手，称赞《歌唱祖国》好，并赠送了一本自己亲笔署名的《毛泽东选集》。

我们今天一起怀念这些70年前的往事时，发现1949年10月1日的开国大典不仅标志着新中国的诞生，而且还预示着人类历史将因此而改变。今天的中国已经是世界最大的经济体（根据购买力平价），具有世界最完整的产业链，消除了世界最多的贫困，创造了世界最大的中产阶层，具有世界最大的外汇储备，向世界输出最多的游客，同时还处于第四次工业革命的第一方阵。我们对这一切都感到由衷的自豪，这一切已经并将继续改变整个世界。

我们还发现中华人民共和国的伟大符号，如国旗、国歌、国徽等，已经融入到人民的血脉之中。2019年香港的局势为什么激怒了全体中国人民？一个重要原因就是他们公然侮辱这些伟大符号：向国徽上喷墨，把五星红旗扔入海里……但奇迹出现了，几乎一夜之间，"港独"分子在全世界所有华人和中国留学生生活学习的地方都成了"过街老鼠人人喊打"。我从网上看到这样一个帖子：由于"港独蟑螂"全球乱窜，全球中国人行动起来，发起了一场声势浩大的"为国灭蟑螂"运动。更有意思的是，今天中国的年轻人更加阳光，更加自信，以自己独特的风格全面碾压"港独"分子。一个帖子这样写道："游行队伍出来，各国警察也都压力山大，严阵以待。然而让他们大跌眼镜的是，本来应该是苦大仇深的街头政治，却硬生生地被一群中国"90后"年轻人办成了一场爱国主义全球大行动。"为什么会这样？可能有两个原因，一是国家的教育，二是国家的强大。这两个原因让这些中国孩子阳光自信、多才多艺、三观超正、素质全面。一位年长者说："不出香港这个事，我可能和很多人一样，觉得我们年轻一代没那么热爱自己的祖国，留学、移民、二次元、动漫、韩剧、追偶像，结果在民族大义面前，他们展现了我们教育的成果。这一代自信自强的中国青年，无疑是对中华人民共和国 70 周年华诞的最好敬意！"

有人问过我：在中国创立的过程中，有哪些特殊之处？给其他国家能带去什么借鉴？我的回答是，毛主席宣布新中国成立，第一句话就是中国人民从此站起来了。他强调的是民族，强调民族自信，这个非常重要。你仔细看很多国家，特别是第三世界国家，它的民族自信心被西方殖民主义给彻底摧毁了。比如非洲很多国家，即便你是中国人，在街头农贸市场这些地方，他见到你也称你为"主人"。他们习惯了这种讲法，这是殖民地留下的产物，甚至连他们的宗教语言都是欧洲的了。强调自己的民族性，让自己有能力站立在世界民族之林，我觉得新中国这一点特别重要。

第二就是独立性。1949 年时苏联是我们最大的盟友，但其实那个时候我们还是强调自己的独立性。第一届政协通过的共同纲领，相当于是建国的最核心文件，确定了我们要建立什么样的国家。比如，当时比较有争议的是，要不要采用联邦制？苏联是我们的老大哥，苏联的整个名称是苏维埃社会主义共和国联盟，是联邦制。严格讲，联邦制中各个共和国的自主性非常大，甚至可以选择脱离联邦。我们在成立新中国的时候对此考虑得非常周全、非常明确，不采用联邦制，而是采用民族区域自治制度。自治区只是有相对大的自治权利，但不是联邦制度。现在回头看，这对于我们国家统一、领土完整和中国崛起的意义怎么评价都不过分。

对国外也是一样，一个国家一定要有自己的独立性，这在做出核心决策的时候非常重要。现在很多国家都开始注意到这一点。学术界有一个词叫“policy space”，即在制定政策的时候，要有政策空间。中国就有自己的政策空间，所以成功了。中国这个榜样开始鼓励很多人。

外国人看中国

中国将深刻影响世界

英国学者 马丁·雅克

从1800年左右开始，在两个多世纪的时间里，世界被欧洲所统治。中国或多或少是隐形的，被分裂、被侵略，经济疲软。它并不属于大多数人认知中的全球地图的一部分，而是被忽视了。中国其实不需要被人们注意到，因为它发出的声音太微弱。西方设定了现代世界的参数，最早由欧洲引领，然后是美国。现代性是西方的同义词。但随后发生了变化。

伟大的转折点是1949年的中国革命复兴。中国稳步地重新团结起来，取得了显著的成功。特别是1978年之后，中国经济开始以惊人的速度增长，每年增长超过10%，并持续了35年。终于，世界其他地区开始认识到这一新的现象。中国的发展是世界上最引人注目的经济变化。如今，西方及其他各地对这种情况的反应各不相同。从美国和特朗普总统那里，我们看到一种反应，那就是无论如何都要削弱中国，阻止它的崛起，最好还能颠覆这一进程。但其他的反应则更为复杂，有时是积极的，有时是消极的。为什么会消极？我认为是出于对未知的恐惧。人们对这个占世界人口五分之一的国家所知甚少，这是一个原因。

但另一方面，尤其是对发展中国家而言，中国非凡的经济转型和中国主动伸出的援助和友谊之手，赢得了这些国家的支持。非洲和其他区域的民意调查和传唱的歌曲表明，中国赢得了发展中国家中很多人的支持和赞同。此时此刻，我们展望未来，试图以一种现代世界中从未有过的方式去想象，因为未来曾一度只属于西方。但未来不是这样。

接下来，我要提出六个观点，解释我认为中国将如何深刻影响世界。

第一点，1945 年以来最重要的变化是包括中国在内的发展中国家的崛起。然而在 1945 年，大多数国家还是处于被殖民状态。即使到了 20 世纪 70 年代中期，它们也只占全球 GDP 的三分之一，尽管它们可能代表世界 85% 以上的人口。但现在情况完全不同了。因为发展中国家现在大约占全球 GDP 的 60%。从历史维度来看，这么短的时间内竟发生了如此巨大的变革。

我们正在研究一种可能性，即我所说的由世界大多数人口组成的全球秩序。我想提醒大家，西方现在只占世界的不到 15%。在现代社会，我们第一次看到了一种全球秩序的概念，它不再由世界上极少数人发明和创造。我认为，这将是过去 200 年中出现的最重要的民主化行动。

第二点，战争。中国不是没有发生过战争。但值得注意的是，在公元前 221 年华夏统一之后，很少有战争发生。例如，在整个亚洲地区内，中国与包括日本、朝鲜、越南等国家发生战争的情况实际上非常罕见。这段历史与欧洲历史完全不同，欧洲一直处于战争旋涡中。直到 20 世纪中叶，欧洲才真正休战。自中国经济崛起以来，特别是自

1978年以来，中国崛起的其中一个引人注目之处就在于鲜有战争发生。与美国、日本、英国、法国、德国的历史相比较，这些国家的崛起都是以扩张和侵略战争为特征的。事实上，我唯一能想到的中国卷入的战争本质上是边境之战，这是完全不同性质的战争。我认为与西方时代的普遍情况相比，中国的崛起将给世界带来一种新的意识，即和平的重要性和可能性。

第三点，治国之道和治理之法。通常在西方，当我们谈论政府时，人们只讨论政府的选举方式，而不考虑政府的效能。它能做什么？它能促进人口增长、经济增长吗？它能提高人们的生活水平吗？它能在社会上维持一定程度的和谐吗？在我看来，在治理能力方面，中国与西方国家的标准截然不同。我给大家举个例子，说实话，中国是世界基础设施建设的领导者。西方或多或少已经放弃了这一点，它现在几乎不进行任何基础设施建设。如果你近期去过美国，就会看到那里的基础设施状况。我来自英国，那里也是同样的情形。基础设施的重要之处在于它是面向未来的，要思考社会将走向何方。其次，它不仅仅是关照个人发展，而是关乎整个社会。是把社会看作一个整体，而不是简单地只关注各个利益集团。

第四点，关于血统和民族。中国人认为自己是90%以上的汉人血统。当然，从历史上看，中华民族是许多不同民族聚居的产物。考虑到国家的幅员辽阔，无论从地理上还是从人口统计学上而言，它都蕴含着不可思议的民族多样性。而中国，由于其历史悠久，经历了一个长期的融合过程，不同血统的人融合在一起，直至今日，大多数人都认同自己是汉族。我想不出世界上（无论是大国还是小国）还有其他类似的例子，中国的情况实属特殊。中国人认为自己是汉人的原因可能根本不是出于种族范畴，而是出于文化范畴。我认为这一点非常重要。

中国封建王朝最后三个朝代中有两个不是汉族统治，一个是蒙古人，最后一个是满洲人。所以我认为这与西方的历史和民族国家的历史有着极大的不同。它们的创造主要围绕某一占统治地位的种族的排他性展开。中国则树立了一个新的榜样。我认为人们都可以从中学习。我不是说中国在这方面是完美的，但它为世界其他国家树立了一个非常有意义的历史榜样。

第五点，中国的历史。中国的崛起在重新定义人们对历史的看法。西方世界认为历史始于西方的崛起，换句话说，大约出现于18世纪末19世纪初。对中国而言，历史并非始于这段时期。

回溯过去，中国人会向你讲述五千年的文明，或者只是从公元前221年秦朝的历史讲起，讲述延续两千年的文明。所以中国人会以完全不同的方式看待所有此类问题（例如南海问题），这与西方看待历史的方式不同。中国发展的特点之一当然也包括朝代的兴衰。但我认为，最重要的是中国历史的连续性，非凡的连续性。

今日，人们仍然认为孔子、孟子等伟大的圣人及其思想，与中国正在发生的变革、前路何往、如何实践、如何治理国家等问题的思辨息息相关，这代表了一种新的智慧。这是对过去所学的重塑，不仅仅局限于近代的，而是追溯到很久以前的那些智慧。

第六点，全球化。中国是全球化的坚定信仰者。中国也从全球化中受益。中国对待全球化的态度本质上是包容的。在中国，全球化的最大受益者是谁？我认为是超过总人口半数的脱贫人口。这与全球化在美国的运作方式截然不同，大概有多达30%或40%的美国人口，基本上被排除在全球化的益处之外。从本质上讲，这解释了为什么美国兴起了保护主义浪潮。

中国拥有世界五分之一的人口，这不仅关乎一个国家，甚至不只局限于一个大洲，管理中国就是要管理很大一部分人类，管理很大一部分的全球体系。因此，中国拥有一种理解力和直觉，一种对全球化本质的洞见。某种程度上，这种洞见与西方盛行的体量小得多的民族国家是截然不同的。

惠及世界的中国脱贫事业

在隆重庆祝新中国成立 70 周年之际，回顾过往，很容易看到，70 年来我们创造了许多震撼世界的奇迹，其中最引人注目的就是消除贫困。这一伟大成就永远改变了中国人的命运，永远改变了人类的历史。

在中华人民共和国成立后的前 30 年里，我们完成了基本政治制度的建设，包括对于扶贫、对于现代国家建设无比重要的基层组织建设。我们从一穷二白的起点出发，建成了独立的、初步的、比较完整的工业体系、国防体系和科技体系。我们进行了土地改革、妇女解放，推动了教育和基本医疗等社会事业的发展。我们的人均寿命从 35 岁增加到 65 岁，文盲率从新中国成立初期的 80% 降到了 30%。我们通过抗美援朝的胜利，通过发展“两弹一星”等，为国家和平发展创造了条件，这就是当年毛主席说的“打得一拳开，免得百拳来”。在这个意义上，我们实现了“三十而立”，为后 40 年的国家全面崛起，包括大规模消除贫困奠定了基础。

尽管前 30 年我们取得巨大成功，但也走过不少弯路，比如民生欠账比较多，人民生活水平按照当时的国际标准还相当低。如果用官方汇率计算，我们当时人均 GDP 还低于非洲国家的平均水平，81% 的中国人口生活在农村，农村大部分地区还没有用上电，中国外贸规模还非常小，而出口产品中 75% ～ 80% 都是附加值非常低的农产品。即使在上海这样相对比较发达的地区，人均居住面积也不到 5 平方米，多数家庭生煤球炉做饭，吃穿用的生活必需品都是凭票供应，有粮票、油票、肉票、布票、自行车票等。当时中国年轻人结婚的三大件是手表、自行车、缝纫机。拥有缝纫机是为了补衣服，所以当时有个说法是“新三年，旧三年，缝缝补补又三年”。

自 1978 年以来的 40 年，我们总结了过去的经验教训，在前 30 年成就的基础上，奋发有为，推动改革开放，推动创新，实现了国家的全面崛起，实现了“四十而不惑”。这意味着，我们找到了自己的成功之路，就是中国特色社会主义道路。我们在消除贫困方面也找到了成功之路，确实取得了人类历史上闻所未闻的巨大的扶贫成就。按照我们自己的标准，40 年间，7.4 亿人口脱贫；按照世界银行的标准，8.5 亿人口脱贫，即世界上近 80% 的贫困是在中国消除的。如果没有中国扶贫事业的巨大贡献，世界实际上的贫困状况恐怕是有增无减的。2020 年，占世界人口五分之一的中国彻底告别极端贫困，实现全面小康。这个伟大的奇迹将永远载入人类文明发展的史册。

中国扶贫的经验是根据中国国情而来，其他国家无法照搬，但成功的经验往往有共通的道理，所以中国的不少经验对很多国家、对今天的全球治理是很有启发意义的。

下面我和大家一起来探讨一下中国扶贫的主要经验。

第一是民本理念。我曾经专门谈过中国崛起的核心理念，其中就包括民本主义，也就是“民为邦本，本固邦宁”的历史传承，也是今天中国

▲ 扶贫路修进“悬崖寨”

共产党强调的“以人民为中心”的治国理念。过去数十年，中国政府提出的一系列目标，包括解决温饱问题、实现小康、实现全面小康等，都反映了这种源远流长的民本主义思想。中国扶贫的巨大成就，实际上就是在这种指导思想下取得的。中国的经验表明，一个发展中国家一定要把改善民生作为重中之重的任务，一定要把消除贫困作为一项核心人权来对待，因为贫困本身就是对人的基本尊严和基本权利的亵渎。

西方国家在非西方世界推动的发展模式，其做法是把自己界定的所谓民主化作为发展成功的关键所在。这种做法现在被中国经验证明是靠不住的，甚至是愚蠢的。多少发展中国家为了得到西方的认可，为了得到西方的一些援助，去追求这种“为民主化而民主化”的东西，我称之为“民主原教旨主义”，结果导致无休止的“党争”和各种各样的宗教、族裔、民族、地区矛盾和冲突大爆发，甚至陷入无政府和战争状况，消除贫困变得遥遥无期。

中国“以民为本”这个理念纠正了西方人权理论长期存在的一个严重的偏差或者缺陷：他们只重视公民政治权利，而不重视民生权利。追溯这种偏差产生的历史原因，我想大概是在18世纪欧洲启蒙运动时期，那些提出所谓自由、平等、产权等理念的所谓思想家，实际上代表了当时新兴的有产阶级。在那个年代，种族主义、殖民主义和奴隶贸易都是合法的，最凄惨的贫困都发生在殖民地，而不是在欧洲。西方多数国家对于非西方世界的贫困状况，哪怕直到今天都是麻木不仁的。

我以前说过，市场原教旨主义行不通。如果真的按照市场原教旨主义做的话，各个国家都应该发展自己具有比较优势的产业。那么西方应该放弃农业和畜牧业，但它们现在大量补贴农业和畜牧业。而实际上在发展农业和畜牧业有优势的地方，比如非洲，很早就有人抱怨现在欧洲牛拿的补贴比非洲人的收入还要高，这让我们怎么竞争？这就是真实世界，而不是新自由主义经济学教科书所描述的世界。我们已经进入了21世纪，但还有如此多的人生活在赤贫之中，怎么说得过去？所以我想中国消除贫困的成功经验，必将影响整个世界，特别是整个非西方世界。

今天这个世界已经进入了互联网和大数据时代。在西方模式下，互联网一出现就被高度政治化，成为西方推动所谓政权更迭的手段，结果水土不服，给许多国家造成混乱乃至战乱。互联网政治化今天实际上也给西方自己带来了民粹主义问题，以及其他很多问题。政客们处心积虑把网络打造成党派斗争的工具，而不是造福人民的平台。美国的特朗普上台也好，英国的脱欧闹剧也好，很大程度上都反映了这种情况。

相比之下，中国的互联网革命和大数据革命始终是在“以民为本”

的理念下推进的。20 世纪 80 年代初期，中国农村流传的口号是“要想富，先修路”。今天在互联网时代，大家说的是“要想富，先联网”。中国电子商务和数字经济已经成为中国消除贫困的极为有效的手段，多少贫困地区的百姓通过互联网把自己家乡的土特产品推荐和销售出去，一劳永逸地摆脱了贫困。这是我讲的中国扶贫经验的第一点——民本理念。

第二点是有为政府。在整个扶贫进程中，中国党政体制发挥了关键作用，这种作用首先体现在制定和执行各种发展的规划和扶贫的规划。自 1953 年以来，中国政府每隔五年就制定一个五年规划，为接下来的五年发展提供蓝图，并且能够实施。到 2020 年为止，中国已规划并实施了十三个五年规划，这期间还实现了由指令性计划向指导性计划的伟大转型，使中国成为世界上为数不多的、从人民整体利益和长远利益出发进行中长期战略规划的国家。这些规划包括了扶贫方面的考虑，如扶贫的战略和专项扶贫的计划等。

中国模式下的这种能力，与西方模式下多数国家没有规划能力、更没有执行能力的表现，形成鲜明对照。党的十八大明确提出，到 2020 年中国要实现现行标准下农村贫困人口全部脱贫，贫困县全部“摘帽”。我们的扶贫标准是“两不愁，三保证”，就是不愁吃、不愁穿，义务教育、基本医疗、住房安全有保障。我们还是社会主义国家，农民有地有房子。我经常讲，如果将地和房子都算进去的话，我们的标准是“两不愁，三保证，加土地和房产”。以我实地走访过 70 来个发展中国家的考察见闻，我可以很肯定地说，这个标准在大多数发展中国家，在绝大多数非洲国家，都是中产阶级的标准。当然中国人可以对自己高标准严要求，我们也是这么做的，所以我们的进步是世界上最真实的，也是最震撼世界的。

中国作为一个人口大致相当于 100 个普通欧洲国家人口之和的超大

型国家，其治理体系分成六个层级，即中央一级、省一级、市一级、县一级、乡一级、村一级。在中国模式下，每一级都要承担扶贫责任，这是世界级的超大规模的系统工程。各级干部特别是广大基层干部，长期在高负荷、高压力下开展扶贫工作，真心不容易，是特别值得尊敬的。各级地方政府都参加各种扶贫帮扶工程，比如干部驻村、帮助贫困村培养人才等。还有各种小信贷工程往往都是政府做信用担保，地方财政出资进行保证，其他角色一同参与。这就是我讲的第二点——有为政府。

第三点是发展引领。20 世纪 80 年代中期以前，中国扶贫主要采用的是传统的救济方法，也是国际上比较通行的主流模式。后来中国发觉，光是靠救济解决不了问题，只能治标不能治本。如果你去过美国的话，就会发现很多 200 斤以上的人，他们一般都是少数族裔，大概率是穷人，因为一看就知道是吃垃圾食品长大的。美国扶贫的主要方法是发食品券，食品券换来的大都是高脂肪、高热量、高糖的垃圾食品。联合国对美国扶贫状况有一个报告，其中提到，美国有 4000 万人生活贫困，其中 1850 万人极度贫困。如果按照中国人口规模是美国 4 倍来推算的话，这个比例放到中国大概就等于 1.6 亿人生活贫困，其中 7400 万人极度贫困。可能有感于此，2019 年，美国总统竞选候选人桑德斯曾公开对媒体说，他非常赞扬中国扶贫的巨大成就，他说如果我没有弄错的话，中国消除极端贫困的成就超过了文明史上的任何国家。其实美国今天可以向中国学习很多东西，扶贫经验就是一个很好的例子。

中国从 20 世纪 80 年代中期开始推动开发式扶贫，即动员、鼓励、引导贫困地区人民，通过经济发展达到脱贫目的。经过多年探索，中国积累了不少经验，比如开发贫困地区资源、注重资源的可持续利用、扶贫开发与生态建设并重、大力发展乡村旅游业等。现在中国的开发扶贫已经超出了经济发展本身的范围，融入了越来越多的社会发展的内容和基本公共服务均等化的内容。

在一个更广泛的意义上，中国始终抓住“发展”这个牛鼻子不放松，发展的目的是顺应民意，让人民摆脱贫困，过上更为富裕和美好的生活。中国从计划经济体制转向社会主义市场经济体制，从传统农业社会转向工业和现代化社会，在这个过程中始终坚持整个国家的发展导向，在发展中解决贫困问题。以中国经济腾飞带来的政府财政收入为例，2017 年中国财政收入突破 17 万亿元，这使中国扶贫事业有了很大的底气。党的十八届五中全会明确提出了“创新、协调、绿色、开放、共享”五大新发展理念，也大大提高了中国开发式扶贫的水准。

对于外部世界来说，我觉得尤其是对许多发展中国家而言，中国发展引领模式的成功是很大的鼓舞。中国在“一带一路”沿线国家的许多开发项目也产生了很好的扶贫效果。中国项目的执行力远远高于西方同类项目。一位非洲国家的驻华使节曾对我说：“我们和欧洲人一个项目还没有谈完，中国人就已经帮助我们完成了三个项目。”非洲现在还有一个调侃西方模式效率低下的说法，英文叫 NATO，学过英文的人可能知道，北大西洋公约组织的英文缩写是 NATO，但这里的意思是“没有行动（NO ACTION），只说不练（TALK ONLY）”。

第四点是多管齐下。在扶贫领域内，中国创造的多管齐下、综合治理的“大扶贫”模式很有意义，主要特点就是政府、市场、社会都参与扶贫事业。西方新自由主义模式认为市场经济本身会产生所谓的“涓滴效应”（Trickle-down effect），即通过自由化、市场化的发展，带来财富的增加，这个成果会自然而然地渗透到社会基层、底层，使贫困人口都能受益。但过去数十年无论是中国经验还是外国经验都表明这是不大可能的，纯粹靠市场机制无法产生这样的效应。恰恰相反，如果没有政府去宏观协调，它会导致贫富差距的迅速扩大，中产阶级的缩小。今天包括美国在内的西方国家都面临这个挑战。

中国多管齐下的“大扶贫”模式，不仅大幅度消除贫困，而且迅速扩大了中产阶层规模。中国在1992年明确提出建立社会主义市场经济，这个模式本身就是一种多管齐下的模式，既发挥市场的作用，也发挥政府的作用，发挥两者之间合力的作用；既发挥国有企业的定力，也发挥民营企业的活力，更发挥两者互相补充的力量，进而产生了扶贫和发展的乘数效应。比如，国有企业建设中国一流的基础设施，包括世界最大的高速公路网，世界最大最好的高铁网、4G基站网。到2019年年初，仅中国移动的4G基站就有240万个，三大运营商的加起来近400万个。而美国的主要电信运营商，一个叫AT&T，一个叫Verizon公司，美国各大运营商的加起来也就10万个左右，中国的4G基站几乎是美国的40倍。所以在移动互联网应用移动支付方面和网络购物方面，中国是美国的70多倍。当然，5G的前景就更加好了。所以这一切为中国农村电商扶贫，为农村电商大发展创造了非常好的条件。

中国民营企业也为中国扶贫事业做出了突出的贡献。中国民营企业现今提供整个国家大约50%的税收、60%的GDP、70%的出口、80%的就业。中国还创造了政府搭桥、“民营企业+农户”的扶贫模式。许多民营企业源于乡村，发展于农村，与农户有着天然的联系，也愿意积极投身中国的扶贫事业。

在一个更大的范围内，过去40年，中国中央政府发挥了对整个超大型国家提供宏观指导和保持稳定这样一种平衡的作用。而各级地方政府通过税收，通过土地，通过其他有关政策，如吸引外资、促进地方经济发展等，推动了地方的就业和社会发展，也推动了整个国家扶贫事业的发展和国家的崛起。

在多管齐下的“大扶贫”模式下，中国社会主义制度特有的“一方有难，八方支援”“集中力量办大事”“全国一盘棋”等理念得到充分展现。比如，以上海参与的东西部扶贫协作为例，在中央政府、地方政府共同推动下，上海与新疆，特别是新疆喀什地区，组成“结对子”的合作模式。短短八年的时间里，上海已经派出数千名干部、教师、医生、志愿者到喀什及其下辖的莎车、泽普、叶城、巴楚四个县开展援疆工作。上海按照财政预算收入6‰的标准来支持喀什，大大改善了当地的水、电、气、路、污水处理等基础设施。同时喀什各种优质的农产品也被推介到上海，深受上海市民的欢迎。上海游客也大批涌向新疆，切身感受到了大美新疆，也感受到西方为恐怖主义张目、攻击新疆人权问题的荒谬与无耻。

我记得我在谈“阿拉伯之春”为什么变成“阿拉伯之冬”的时候，专门引用埃及现任总统塞西的话，他说叙利亚、伊拉克、利比亚和也门等国发生的事件，给这些国家的生命财产造成巨大损失，基础设施损失达9000亿美元，死亡人数超过140万，沦为难民的有1500多万人。西方已经搞乱了伊拉克，搞乱了叙利亚，搞乱了利比亚这些国家，甚至把一些国家变成人间地狱，可以说这是21世纪西方国家对人权最大的践踏。现在还想搞乱我们的新疆、香港，这是绝对不能允许的。这也使我想起当年毛泽东主席调侃敌对势力的诗句：“小小寰球，有几个苍蝇碰壁，嗡嗡叫，几声凄厉，几声抽泣。蚂蚁缘槐夸大国，蚍蜉撼树谈何易。”

回望新中国70年扶贫事业的辉煌成就，我们感到无比自豪。2020年，中华人民共和国将彻底告别绝对贫困，这是改变中国命运和人类历史的大事。

中国扶贫事业的成功，实际上就是我们最大的仁政。也就是我经常讲的，中国模式的特点——良政善治。这是良政善治巨大的成功。

从纵向的发展历史来看，正如习近平主席讲过一句很有名的话，他说中华民族千百年来存在的绝对贫困问题，将在我们这一代人的手里历史性地得到解决。从横向比较来看，我们解决了所有发展中国家面临的最棘手的问题，就是贫困问题，也解决了西方扶贫救济模式治标不治本的难题。我们向所有为中国扶贫事业做出贡献的人致以最崇高的敬意！

和而不同的中国之“道”

我多次谈过，中国的文化是“三人行，必有我师”，而西方的文化好像更多是“三人行，我必为师”。我记得每次我讲这个观点，总是有不少听众发出笑声。我想这笑声中可能包含了一种困惑，就是为什么这么简单的中国智慧他们要排斥呢？某种意义上讲，特别是从人类大历史角度来看，我想中国的崛起、中国崛起背后的许多理念，对长期被西方话语洗脑的人会是一种启蒙。所以我是特别主张要更多地与整个世界分享中国理念和中国智慧。我曾经跟观众和读者分享过六个可能对世界产生影响的中国理念：实事求是、民本主义、整体思维、民心向背、良政善治、选贤任能。现在，我又有三个在当下不可或缺的中国理念要跟大家分享。

第一个理念是兼收并蓄。从历史传承来看，中华民族是一个酷爱学习、兼收并蓄、博采众长的民族。我们有前面说的“三人行，必有我师”的传统，有“寸有所长，尺有所短”“他山之石，可以攻玉”这种历史文化传承，有“虚心使人进步，骄傲使人落后”这样的红色文化传承。

今天我们都在谈“一带一路”，实际上古代中国通过丝绸之路吸收了大量西域传来的文明。比方说我们今天的民族乐器琵琶来自中亚；中国古代的衣服从宽袍广袖变成波斯风格的短衣窄袖；丝绸之路还从中亚和西亚为我们带来了汗血马、玻璃、玛瑙等很多珍贵的商品。我想中国今天提出“一带一路”倡议，某种意义上也是对古代丝绸之路的一种崇高敬意。当然中国的很多产品、发明和文化也随着丝绸之路传到了外部世界，造福了整个人类。

在中国过去数十年的迅速崛起过程中，我们兼收并蓄，获益良多。可以说我们几乎在所有的领域内都学习和借鉴了别人的成功经验，从经济特区到市场经济，从企业管理到政府运作，从科技研发到文化产业，从发展互联网经济到发展各种各样的高新产业等。但总体上看，在学习和借鉴外国经验的过程中，我们没有失去自我，而是用自己的眼光来判断和取舍。比方说我们加入世贸组织，把它变成一个大规模的学习、适应和创新的过程，使整个中国的经济和贸易规模很快上了一个全新的台阶。再比如中国非常热情地拥抱了互联网革命，同时保持了自己的独立性，所以中国今天已经成为这场革命的佼佼者。

我就想，这不就是当年鲁迅先生提倡的“拿来主义”吗？鲁迅的“拿来主义”的核心就是说我们要运用自己的脑髓，放出眼光，自己来拿！或使用，或存放，或毁灭，还要沉着、勇猛、有辨别、不自私。但是我们也要承认，在我们国门刚刚打开的时候，外部的世界如此之精彩，一下子让很多人眼花缭乱。有好学传统的许多中国人立刻看到了别人的长处自己的短处，这也使相当一部分人失去了自信心，甚至认为“拿来主义”太烦琐了，不如全盘照搬。好在回顾过去数十年，总体上我们还是以我为主，自己来拿，不是让别人牵着鼻子走。外国的东西我们要通过中国的实践来检验，有些可以全部接收，有些可以借鉴一部分，有些可以完全拒绝，有些需要结合中国的实际情况和条件进行创造性的转化。更重要的是，在吸收的基础上，我们还要争取超越。

有人曾经和我说，你们讲“拿来主义”也好，讲兼收并蓄也好，好像就是当年张之洞提的“中学为体，西学为用”。我说不一样的，“中学为体，西学为用”建立在一种传统的基础上，认为中国为天下中心，认为儒家传统已经穷尽了人类的真理。在这样一种理念下，当时中国的朝廷主流认为没有变革的必要。后来我们的改革开放则完全不一样，邓小平说得非常清楚，不改革开放，死路一条。但邓小平当时也明确提出，在改革开放的过程中，我们要学习和借鉴人类文明一切有益的东西，同时一定要结合中国的国情。所以这种“拿来主义”、这种兼收并蓄，后来带来了中国全方位的崛起。

兼收并蓄这个理念也具有国际意义。因为这个世界上有太多的“送来主义”，效果几乎都不好。很多发展中国家的经历很能说明问题。冷战的时候，一种是苏联的“送来主义”，一种是西方的“送来主义”，它们几乎都接受了。当然，它们也比较难，因为如果不按照苏联或者西方的要求去做，它们就得不到苏联或者西方给予的经济援助。问题是一旦你自己失去了这种决定取舍的权力，让别人牵着鼻子走，往往就导致灾难。后来苏联解体后，俄罗斯改革也犯了这个错误。由哈佛大学教授设计的所谓“休克疗法”，想一夜之间建立市场经济制度，照搬西方民主模式，结果都是灾难性的。西方喜欢搞“送来主义”，但又不了解其他国家的国情，所以提出的各种方案往往是从自己的价值观出发，从自己的经验出发，更何况很多方案背后还有不可告人的目的，因此失败概率几乎是百分之百的。

与中国人兼收并蓄的理念形成鲜明对照的是今天的西方，显然它故步自封了，它自以为自己的一切代表历史的终点。结果西方国家一个接一个陷入了第二次世界大战以来最严重的金融危机、财政危机、经济危机和政治危机。欧洲国家率先支持“阿拉伯之春”，结果“阿拉伯之春”变成“阿拉伯之冬”。之后带给欧洲的百万难民潮，到今天还没有结束。从人类大历史角度来看的话，这可能是欧洲全面走衰的一个转折点。很多欧洲人私下都很后悔，但政治的特点是没有后悔药的。

2019 年七国集团在法国开峰会，当着众多记者的面，法国总统马克龙终于承认，世界正在经历西方领导权的终结。他说这部分的原因是由于西方在过去几个世纪犯下的失误。我再替他补充一句，另外一部分原因可能就是西方缺少“从善如流”“兼收并蓄”这些普普通通的中国智慧。这是我要讲的第一点。

第二个理念是和而不同。中国人的哲学观认为宇宙的一切都是互相依存、互相联系的。中国人相信“和而不同”，承认矛盾的存在，差异的存在，不同的存在，但这一切可以和谐共存，相得益彰。我们从许多中国古籍中可以看到，我们古人通过对大自然的观察，发现大自然包罗万象、争奇斗艳，但同时又是一个非常和谐的统一体。我们古人也发现，音乐的美妙就在于它有不同的音符，不同的音调，不同的音质，但这些不同可以和而为美，变成美丽的乐章。所以中国文化崇尚人与自然、人与人、文化与文化都建立一种和谐共生的关系。

而且中国古代哲学的出发点就是他者的存在是生成新事物的前提，或者说没有他者就没有自己。所以儒家学说一直是提倡致中和，提倡和为贵，主张社会的协调和统一。孔子说“君子和而不同，小人同而不和”。所以我经常讲，我们今天与西方敌对势力的斗争，很大程度上是君子与小人的斗争。我们古代《尚书》中还提出了“协和万邦”的政治理念，在这个意义上，一个和平共处的世界，是中国人久远的理想和追求。可以说和而不同是中国政治文化传承的核心之一。

在和而不同的理念影响下，中国文化绵延数千年，总体上比较包容开放。我们提到的兼收并蓄，它的前提也是“和而不同”这个哲学观。以儒释道的融合为例，中国自己漫长的历史长河中，儒家和道家的影响力一直比较大。我们的儒家尊圣人，我们的道家讲真人，但坦率地说，儒家也好，道家也好，都需要读很多书，需要相当的知识积累，所以在很长的时间里，儒家和道家的学说难以进入寻常百姓家。而外来的佛教不一样，佛教是直指人心，它关心芸芸众生，关心他们的身心安顿，它的传播手段也是多种多样的，有雕塑、音乐、壁画等。佛教的这种差异性，某种程度上弥补了中国传统宗教的某些不足。因此，虽然佛教传入中国的过程中也经历过一些碰撞，但最终适应了中国的国情，成了“中国化”的佛教，即大乘佛教，然后再从中国走向东亚，走向世界，这无疑是中国文化和而不同、互相交融、相得益彰的一个典范。

我们也可以比较一下中西方文化，特别是政治文化在这方面的差别。和中国儒释道互补的传统不一样，欧洲历史上不同宗教、不同教派之间的战争持续了上千年，有的人说现在还没有打完，在历史上几乎把西方文明毁于一旦。我想一个重要的原因，就是西方宗教几乎都是一神教的传统，认为自己的信仰代表世界唯一的真理，是唯一正确的东西。你不相信我的上帝，你就是异教徒，你就要受到迫害。在西方神学者的眼中，只有自己的信仰得到普世，人类才能得到拯救。所以西方世界产生了一种认识：只要你的做法跟我不一样，你就不文明。这也延伸出种族主义、法西斯主义这种“非我族类，其心必异”等。其实从“文明冲突论”的提出，到今天西方国家内部种族主义兴起、排外主义再次兴起，背后都有一神教唯我独尊的传统。同样，我想，这些年西方向全世界推销的所谓普世价值，背后也是一神教唯我独尊这种传统的延续。

与西方不同，中国倡导和而不同的理念，并大大推动了中国的和平崛起，我们明确地拒绝西方的对抗性政治逻辑。我们强调社会不同的团体和利益，有共同之处，大家可以求同存异。而西方强调的对抗的模式，在第三世界成功率极低，在西方内部也导致了严重的社会分裂。英国、美国今天都面临着社会分裂带来的严重挑战，然而中国人口比整个西方世界人口加在一起还要多，却实现了和而不同。我们通过群众路线、统一战线、民主集中制等制度安排，可以形成最广泛的社会共识，然后众志成城，14亿人劲儿往一处使，撸起袖子一起干，所以创造了一个又一个震撼世界的奇迹。

在对外关系中，我们奉行和平共处五项原则，现在它已成为国际上多数国家都能接受的基本原则。我们在推动“一带一路”的过程中，又提出了“共商共建共享”。我们又提出了构建人类命运共同体。我想这一切的背后都有“和而不同”这种哲学观所体现的理性和包容。这与西方那种唯我独尊的狭隘与偏见形成了鲜明的对照。

这里我还要简单谈一谈香港和“一国两制”的构想。我觉得“一国两制”几乎完美地体现了中国人和而不同的理念，即不一样的制度可以在同一个国家里和谐共存。但它的前提是一个国家，是两种制度在特定的时间段内保持互相的尊重。现在看来，澳门“一国两制”做得非常之好，而香港确实出现了一些问题。如果从和而不同的理念来看，就是香港的一些势力在西方敌对势力的支持下，拒绝我们讲的君子和而不同，而拥抱小人的同而不和，而且妄想用那种危机重重、自顾不暇、日益走下坡路的西方模式，来“同化”甚至“吃掉”蒸蒸日上的中国社会主义模式。我想这是愚蠢到了极点，也超过了“一国两制”的底线，超过了和而不同的底线。在这种情况下，我认为我们要通过必要的手段来纠正这种倒行逆施。这就好像演奏协奏曲的时候，一个乐手突然乱拉琴，破坏和而不同的乐章，那么我们只能制止他。

第三个理念，叫作政府是善，更确切说，政府是必要的善。我之所以提这个观点，是因为我有感于西方自由主义理论经常使用的一个观点，叫作“政府是必要的恶”。从西方历史的角度看，我也能理解这一观点，由于专制政府带来很多问题，包括宗教迫害、极权主义、神权战争等，所以西方很多人特别是英美政治文化中，把政府看作是要做坏事情的，也就是说最好是不要政府，但现在现实中又做不到，所以要对它多多限制，防止它做坏事。西方主流经济学谈政府的作用就是“守夜人”。新自由主义的口号就是政府管的越少越好。西方主流政治学也类似，一谈政府就联系到威权主义，英国思想家霍布斯称之为“利维坦”，是一种让人害怕的怪兽。人们为了避免自然状态下必然产生的互相残杀，不得已请出这个怪兽，建立有威权的国家。

回想中国历史，我们的传承是不一样的。历史上中国就是一个超大型的国家，它的人口和地域的规模百倍于欧洲小国，这也意味着国家治理的复杂性和艰巨性是非常大的。

我们古代黄河也好，长江也好，都是跨流域跨省份的治理。各种自然灾害的救助，大国戍边征战的需求等，都需要比较强势的，比较有为的，也是比较中性的政府来发挥作用，否则人民的生活就要遭殃，朝廷就要失去天命。所以这种政治传统延续至今。

从历史比较来看，中国历史上辉煌的时候，大都和比较强势有为的朝廷联系在一起。所以中国人传统中把政府看作“必要的善”。与此相适应的还有就是中国源远流长的、我称之为“选贤任能”的传统，即通过考试来选拔官员，而不是像欧洲，它上千年持续的是一种世袭贵族的统治。

所以从传统来看，中国政府的作用比较中性，也就是说它不是代表某个特定利益阶层的。在多数情况下，应该说中国这种文官制度领先欧洲上千年，也是当时最先进的政治制度。欧洲是到了19世纪才从中国借鉴了文官考试制度。

中国领导人邓小平对于强势政府的态度是扬长避短、趋利避害，发挥中国党政体制在推动现代化中的积极作用，同时也注重经济规律，也尊重经济规律，弱化甚至终结不必要的政府干预。这个和苏联领导人戈尔巴乔夫盲目崇拜西方模式，自废武功，放弃党的领导，形成鲜明的对照。

其实西方自己也出现了很大的变化。从英国经济学家凯恩斯在20世纪30年代强调政府干预以来，政府的作用除了极端的新自由主义信徒之外，已经很少再有人否定了。从保证宏观经济环境的稳定，到提供各种各样的社会服务，到预防恐怖主义，到防止大规模杀伤性武器的扩散，都需要政府发挥作用，毕竟现代国家的功能已经非常全面了。即使在西方国家里，像法国这样的国家，也是以强政府著称的，法国总统的权力明显大于立法机构和司法机构。德国是所谓“莱茵模式”的代表，它的政府作用也比较大。美国现在是“特朗普模式”，在许多美国人的眼中，它已经成为政府滥用职权的代名词。比方说特朗普此前对于无法赢得中美贸易战恼羞成怒，甚至发推特“命令”美国企业离开中国，引来美国工商界、经济界人士普遍的吐槽。

当然，我们要承认，政府作用过大也会产生副作用。政治权力过大会导致“寻租”和腐败，导致形式主义、官僚主义等严重问题，这些都只有通过不断改革来解决。

我记得有位哲人讲过这样的话，他说政府有两个功能：第一管好人民，第二管好自己。我们现在通过一系列的改革，建立了令腐败分子望而生畏的反腐机制，建立了适应社会主义市场经济的政府体制，建设了廉洁高效人民满意的政府，应该说取得了相当不错的成绩，但是我们还可以做得更好，我们还要努力。

政府在经济事务中应该有所为，有所不为，有所抓，有所放。但是我们仔细看一下中国模式，在中国特定的政治文化中，政府职能的弱化或者转化，实际上也是需要靠政府，特别是中央政府来推动。中央关于把深圳建设成中国特色社会主义先行示范区的决定，非常令人鼓舞，其中不少内容都反映了过去数十年中国政府改革的一些宝贵经验。

对话与讨论：中美关系和中国扶贫

中国移动 81% 下午3:47

对方正在输入…

中国现在可以说是一个新兴大国，但是我们的大国自信和我们的大国外交其实已经激怒了作为守成大国的美国，应该如何避免中美之间陷入“修昔底德陷阱”？

提出这个观点的是哈佛大学的艾利森教授，我跟他一起讨论过这个问题。他说这是书商的要求，包括中文译本“中美必有一战”之类的，有点标题党，实际上他的结论相对还是比较谨慎的。他举了 16 个案例，绝大部分都是守成大国和新兴大国最后由于种种原因还是发生了武装冲突，但也有没有发生武装冲突的案例。我当时跟他提了一个观点，我说这 16 个案例都来自要么欧美文化传统，就是一神教传统，即你赢我输、零和游戏的传统，要么像日本这样学习西方军国主义的传统，没有像中国儒家文化或中国传统文化所宣扬的真正热爱和平的民族和国家。何况，我们有强大的止战能力，中国人觉得完全可以做到双赢、多赢。

中国移动 4G 81% 下午3:47

对方正在输入…

但是我们跟西方打交道，特别是跟美国打交道，也看得很清楚，美国只认实力。如果你没有强大的止战能力的话，它就会欺负你，而且欺负得很厉害，这种事情我们经历得太多了。所以我们一定要建立强大的国防，该亮剑的时候一定要亮剑。从目前大局来看，核大国之间打仗的概率很小，因为这是共同毁灭。当然我们也不能排除西方国家有一些极端势力真的想玩火。我觉得我们只要保持定力，战略上藐视对手，战术上重视对手，同时确保国防威慑力，该出手时一定要出手，这样反而能够制止战争。

?

古人说“授之以鱼不如授之以渔”。中国扶贫对于那些贫困人口真正的帮助在哪里？

“授人以渔”又是一个中国理念。十几年前，我曾见到东帝汶的领导人，东帝汶是个小国家，他向我们介绍了东帝汶的扶贫问题。他说我们的扶贫很简单，我们有不少联合国、国际组织或其他国家的援助，就把这些援助分给大家，一下我们就脱贫

中国移动 4G 81% 下午3:47

对方正在输入…

了，但第二年又不行了。这种就不是“授人以渔”。

我们现在的扶贫战略是扎扎实实的，比如最经典的就是干部驻村，真的是驻村，而且是派大批的干部，其中很多是后备干部去锻炼，到那边帮当地的贫困户，手把手地教他们。我曾提到过上海和喀什的联谊，我专门去喀什做过调研，上海做了很多“结对子”的活动，就是职业培训。比方说，喀什有很好的水果，上海就教他们保鲜技术；喀什有很多玉石等矿源，上海就教他们珠宝加工技术；现在纺织业发展很快，上海就教他们纺织技术；还有教他们汽车维修技术等，这些都是“授人以渔”。让喀什的很多教师到上海的十几个职业中专、大专院校接受培训，再回去教当地学生，这个覆盖面就很广了。我觉得这是非常好的一点。中国“一带一路”对其他国家也是这样做的，不光是简单地援助救济，不光是“输血”，还有“造血”功能，是这个概念。

中国移动 4G 81% 下午3:47

对方正在输入…

?

大规模人口的脱贫，也就意味着大规模的资源消耗的增加。那么我们国家有没有足够的资源，或者说我们国家有没有能力从国内国外获取足够的资源来保证国民生活的持续改善？

当时改革开放之初，我们就是计划经济，比如每人多少斤粮食，定量的。一个重要原因是当时没有足够的生产力，另外就是当时 10 亿这么大的人口，要做到食不厌精怎么可能？但现在我们通过社会主义市场经济模式，做到了食不厌精，中国餐饮的丰富性恐怕多数国家都望尘莫及。中国人均资源相对短缺，一些关键资源，比如石油，像美国人那样消费是不行的。但通过新能源，如太阳能、风能等，还是可以找到解决方法的。现在某种意义上确实有些问题，比如说食不厌精，吃海鲜光靠海里的天然资源是不够的，需要人工养殖来补充。我觉得一方面鼓励生活丰富多彩，但同时也要强调适度消费，不要追求过度消费，铺张浪费是一种没有品位的生活方式，我们应该过有品位的生活。

第六章

抗疫：中国优势的胜利

两种应对模式，是两种制度的差异

2020年突如其来的新冠肺炎疫情，是近百年来人类遭遇的一次影响范围最广的全球性公共卫生事件，是一场人类的共同灾难，更是对全世界所有国家治理能力的一次重大考验。在这场政治制度和治理模式的大考下，国际社会团结一致，共同应对才是人间正道。但西方有一些幸灾乐祸的人借疫情散布各种谬论，比如美国一位冷战思维学者在《华尔街日报》上撰文，标题是“中国是真正的东亚病夫”。法国《皮卡尔信使报》封面用的是“ALERTE JAUNE”（黄色警报），以此来影射“黄祸”。美国商务部长罗斯则公开对媒体说，这场疫情将有助于制造业就业机会回流到美国。但所有这些观点都立即引发国际舆论的哗然，引起了国内外有识之士的抗议和反驳。因为多数人都认为，人类文明的底线是不容践踏的。

在经济层面，诺贝尔经济学奖获得者保罗·克鲁格曼也批评美国商务部长罗斯，他说疫情对美国没有任何好处，即便它不夺走你的生命，也可能夺走你的工作。2003年非典暴发的时候，中国制造业只占全球制造业的8%，今天却占到25%。如果中国制造业受到打击，美国将深受其害。所以他认为罗斯的观点是“愚蠢的”。其实今天的世界经济早已是密切联系的一个整体，一荣俱荣，一损俱损。美国《财富》杂志曾刊文感叹，今天几乎所有重要的电子消费产品都依赖中国。中国iPhone工厂复工推迟的报道，使苹果市值跌掉270亿美元。湖北是全球汽车零配件供应的关键区域，因为疫情，全球汽车产业掀起了一场停产危机，从日本日产到韩国现代，都因为中国供应的零部件短缺而遭受重创。德国近三分之一的企业遇到供货问题。就连美国的药品供应也出现了危机——美国使用的抗生素大部分来自中国；胰岛素、抗抑郁药物、血液稀释剂等，都直接或间接地依赖中国的供应链。所以英国《金融时报》认为，除非中国恢复生产，否则许多国家的药企供应将很快耗尽。

美国一些势力企图借这次疫情使美国经济与中国脱钩，但谈何容易。中国过去数十年的开放是一种嵌入世界经济体系的开放，中国早已是全球制造业产业链的关键环节。虽然过去几年也有跨国公司生产线迁出中国，但大都是制鞋、成衣生产这些产业链非常短的生产线，像中国这样具有世界最完整、超复杂产业链的经济体全球难觅。更何况中国还是事实上世界最大的消费市场。我认为只要疫情在不太长的时间内结束，中国在全球产业链中的关键地位就无法撼动。我也认为中国一定能够打好正在展开的这场经济保卫战。

在绝大多数国家都支持中国抗疫举措的时候，美国居然有人指责中国采取的严防严控措施侵犯人权。比如，美国亚利桑那州立大学公共卫生法律与政策中心主任霍奇，指责中国“封城”导致“侵犯人权”。还有美国学者呼吁关注中国采取隔离检疫措施的所谓的“阴暗面”。《纽约时报》甚至载文称“新冠病毒危机暴露中国治理体系的‘失败’”。最后连新加坡总理李显龙的夫人何晶女士都看不下去了，发声质疑：“如果中国治理体系‘失败’，那么美国流感死亡案例这么多，又暴露了什么？”根据美国疾病控制与预防中心（即美国 CDC）截至 2020 年 1 月 25 日的报告，估计从 2019 年 10 月 1 日开始，也就是 3 个月不到的时间内，美国的流感已导致至少 1900 万人感染、1 万人死亡，其中至少包含 68 名儿童。

西方媒体这一轮鼓噪再次印证了我们经常提及的一个观点，也就是在西方还有一些偏执狂，在他们眼中，中国怎么做都是错的：控制疫情是“违反人权”，疫情失控是“治理失败”。所以我们的结论很简单，不要理睬他们，就像鲁迅先生当年所说的，鄙视这样的人，“连眼珠子也不转过去”，我们自己该做什么就做什么。

碰到这样的疫情，西方模式根本无法应对。只要看看澳大利亚和美国加州 2019 年如何应对森林大火，看看美国如何应对 2009 年的 H1N1 病毒，看看美国如何应对 2005 年的卡特里娜飓风灾害，就知道了。再比较一下中国是如何应对 2008 年汶川地震和这次新冠病毒的，结论不言自明。中国这次采取了果断的应对措施，效果显著，赢得了世界绝大多数国家的理解和支持。这次武汉迅速启动十几个方舱医院，收治轻症患者，境外居然有人散布谣言说这是“集中营”。但方舱医院的患者开始练起广场舞、八段锦、太极拳、广播体操，让外国人看得眼花缭乱，而且随着出院的人越来越多，所谓“集中营”的谣言也就不攻自破了。

来考察的外国专家一开始都不理解中国怎么能够在那么短的时间里控制住疫情，因为他们在自己国家是见不到像我们这样上下一心的通力合作的：政府下定决心不惜一切代价要控制疫情蔓延，医治感染患者；部门之间互相协作，配合作战；医疗工作者和志愿者们纷纷奔赴最前线，将个人安危和利益置之度外；老百姓们听从号召和安排，服从抗疫大局的需要，“宅”在家中，减少外出，避免聚集。我们这种政府组织、社会动员和老百姓的自我管理能力，是西方社会里很难见到的。

2020 年 2 月 12 日，世界卫生组织在日内瓦召开执委会会议，一名欧洲记者问世卫组织总干事谭德塞，为什么这么多次表扬中国，是不是中国方面对你提出这样的要求？谭德塞这样回答：我们不需要取悦于任何人，我们公开赞赏一些国家好的做法有两个目的，一是鼓励这些国家继续坚持

▲ 全民抗疫

正确的政策，二是带动其他国家借鉴、学习他们的做法。

他还指出，在这个大厅里，在这次世卫组织执委会会议上，几乎所有国家都对中国表示赞赏。中国采取了大规模的措施应对疫情，包括武汉“封城”阻止疫情向其他省市、其他国家传播，他们赞赏中国行动。中国的举措为各国防疫工作树立了新的标杆。

我们不妨和美国应对 2009 年 H1N1 疫情做一个具体的比较。2009 年 3 月底，在美国加州和墨西哥暴发了 H1N1 流感，美国反应的速度应该说不慢。美国 4 月 15 日发现第一例样本，4 月 18 日就报告世卫组织，4 月 21 日开始研发疫苗，4 月 23 日向公众披露，4 月 25 日也就是美国发现第一例样本后 10 天，被世卫组织宣布此次 H1N1 疫情为“国际关注的突发卫生公共事件”，之后级别逐步升高，到 6 月升至最高等级 6 级。

4 月 26 日，美国政府也宣布了全国范围内的公共卫生紧急情况，并开始释放应对疫情的国家战略储备。但令人遗憾的是，美国的防控举措总体上没有产生多大效果，未能阻止疫情迅速蔓延。3 个月后，世卫组织就不再要求各国报送确切的数量，只能是统计多少算多少。疫情暴发 6 个月后，奥巴马总统宣布美国进入“全国紧急状态”，但此时疫情已完全失控。直到第二年春夏之交，疫情才被遏制住。因为最终也没有准确的疫情数据，美国疾病控制与预防中心只能通过模型推算美国的疫情状况。

据估计，在 2009 年 4 月 12 日到 2010 年 4 月 10 日这一年内，美国有 6080 万人感染 H1N1，也就是全国五分之一的人口受到感染。其中 27.4 万人住院治疗，12469 人死亡，住院人群中死亡比例是 4.5%。如果将此和中国比较，那么就把这些数字乘以 4，因为中国的人口是美国的 4 倍还多一点，这就大概是 2.5 亿人感染，相当于 10 个上海市的总人口被感染，110 万人住院，5 万人死亡。此外，由于美国没有采取任何措施阻止该疾病的国际传播，到2012年年底，H1N1疫情已传染至全球214个国家和地区，导致全球高达284500人的死亡。

总之，无论用什么标准看，美国对H1N1疫情的应对都是相当失败的。其失败的主要原因大概有这么几个。一是美国许多州的公共卫生资源无法应对这么大规模的疫情，而联邦政府的跨州协调能力严重不足。二是2008年美国刚刚爆发了战后最严重的金融危机，企业倒闭，公司裁员，政府根本没有财力来应对这样的突发疫情。美国疫苗公司的生产也远远没有达到原来设定的目标。三是美国政府和媒体都宣传该疾病致死率低，导致许多民众放松了警惕。第四就是美国严重缺乏国际责任感。

美国应对这种大型传染疾病的做法，大致就是政府发警示，提供一些便利，然后基本上是个人的责任，自己采取防范措施，该去医院就去医院，医生能不能治好全凭自己运气，当然还要看财力。至于是否会蔓延到全球，美国是不管的。如果民众对美国政府或者美国医院有任何不满，可以打官司，当然胜诉可能性非常低，而且昂贵的律师费还要自行支付。

而我国与美国完全不同。我在疫情防控期间做节目时，曾与武汉前线的一位CT设备安装工程师王弘斌有过连线对话。最初，当他得知需要去武汉一线搭建CT设备时，第一个报了名，然后立即买了正月初三的机票，从新疆出发飞到上海。因为那时武汉所有的公共出行交通都已经停运，最后还是公司派车，把他们一行六人送到武汉的。从出发到武汉，王弘斌花了将近30个小时。在武汉，他们遇到了从未有过的难题。一般安装设备的流程可能是，机房都已经建好，满足装机条件之后，他们才去安装。但这次任务非常紧，就拿火神山医院来说，它整个建设进度只有十来天，留给设备进场的时间也就48小时左右。虽然机器已经落在那里了，但是机房、墙壁防护等都没有，只能是现砌墙，现装防护。就是在这样困难的环境中，他们跟时间赛跑，连夜赶工，不到 24 小时就把设备调试好了。

王弘斌是很多前线工作人员的缩影，我们知道还有无数的医护人员、民警、社区人员，以及没有看到的保障人员。他们都是不计生死，不计名利，不计得失，奔赴前方。所以疫情能在这段时间里有向好的变化，让大家看到希望、看到光明，这是非常来之不易的，就是因为他们在奋斗。我看过媒体采访我们“90 后”护士的报道。这名护士讲得很感人，她说我是“90 后”，2003 年非典时，你们保护了我们，现在是我们承担起责任的时候了。这说明我们的年轻一代已经成长起来，对国家、对社会充满责任感。还有我们的海外华人，我 1 月 24 日、25 日在瑞士开达沃斯会议，当时国内口罩卖完了，他们就纷纷往国内寄送，这是华人的家国情怀，这种家国情怀很感人。

但如果你在西方长期生活过就知道，西方不可能有这样的动员能力。我们的工程师，今天接到命令，明天就出发去武汉支援。西方呢，突发危急事件时，如果对方在休假，即便是总统，也可以继续休假。比如，澳大利亚的山火烧成那样了，政府首脑该休假还是休假。西方模式的特点是，有一整套完整程序，程序走完了，我就不管了。我经常说，中国在重新界定什么叫现代化，现代化要适应各种各样的新挑战，现在西方制度真的遇到巨大挑战。世卫组织总干事就强调，中国创造了一种新的标杆。

中国和美国应对态度和效果的差别，实际上就是两种政治制度的差别。美国所谓的民主制度，说到底就是一种程序民主而已，只要政府做的不违反程序，就算完成任务。新政府上来之后还是这样的操作，多数人也没辙。整个国家的制度设计就是如此。

当然美国有 一个本事，就是资本力量控制的主流媒体，擅长设置议题，转移视线，大事化小，小事化无，然而最终受到损害的是普通百姓，富人是不大会有损害的。不少美国网友认为，这次美国媒体大肆炒作中国疫情，很大程度上是为了转移美国公众对美国政府应对国内流感乏力的关注。

中国的政治制度是实质民主导向的，中国党政体制对整个民族的命运负责，对中华民族的延续负责，用经济学话语来形容，更像是“无限责任”政府。中华民族有“一方有难，八方支援”的文化传承。中国共产党有“人民生命安全高于一切”的政治理念，有强大的组织能力、动员能力和协调能力。中国人民有强烈的家国情怀，众志成城，共战疫情，一声令下，14 亿人可以都“宅”在家里，把病毒“闷死”。中国军队有“誓死不退，永不屈服”的战斗精神。中国模式的特点是多管齐下，互相协作——从大批奋不顾身奔赴前线的医护人员，到无数辛勤工作的基层工作者和志愿者；从电力、电信、粮油、航空运输等领域的大型央企，到华为、阿里、腾讯、京东等大型民企，都瞬间投入战斗，大家齐心协力打好这场疫情防控阻击战、总体战。这样的民族、这样的政党、这样的人民、这样的军队、这样的模式是无与伦比的，也是不可战胜的。

只有中国这样的国家、这样的政治制度，宁可牺牲一段时间的经济增长，也要对人民负责、对世界负责，才让世卫组织总干事感叹，到现在为止，中国把 99% 的发病率完全限制在境内，为国际社会共同解决疫情创造了一个宝贵的窗口期，也为世界防疫事业树立了新标杆。在这个意义上，中国抗疫模式，就是构建人类命运共同体的实际行动。这和美国那种美国优先、极端自私、以邻为壑、我赢你输的模式截然不同。

从短期来看，中国模式意味着中国一国承担更多的责任和代价。但中国人相信“天下为公”，相信“得道多助，失道寡助”。中国推行为整个人类负责的抗疫模式，必将赢得更多的朋友与更广泛的共同利益。就像 1997 年亚洲金融危机爆发后，许多国家都竞相把自己的货币贬值，以转嫁危机，而中国展现了大国担当，坚持人民币汇率的稳定，最终赢得各国的尊重。对于此次中国抗疫，俄罗斯政治学者马尔科夫也评价说：从中国的表现可以看出，这是一个真正伟大的国家，它独自承受了打击，保护了全人类。中国证明了自己有资格成为超级大国，并将以此身份走出疫情，从而大幅度提升自己的软实力。

我曾读到南非战略分析家迈克尔·鲍尔在英国《金融时报》上发表的一篇文章，标题是“政府还能做得更好吗”。文章中，迈克尔·鲍尔对西方国家指责中国的抗疫举措感到义愤填膺。他请大家不要忘记，40 年前以美国科学家詹姆斯·柯伦为首的团队，在旧金山首次发现艾滋病病毒，1981 年 6 月他们就发表文章提醒美国、提醒国际社会注意这致命的传染病。然而直到 1983 年法国病毒学家首次在世界上分离出艾滋病病毒，当时美国的里根政府依然对此毫不在乎，甚至公开称这种传染病为“同性恋瘟疫”。而那时美国已经有 800 多人死于艾滋病。一直到 1985 年 9 月 17 日，艾滋病已在美国造成 12000 人死亡，里根总统才第一次使用“艾滋病”这个词。所以迈克尔·鲍尔说，你能想象中国领导人在新冠肺炎暴发 4 年后才开始使用“冠状病毒”这个词吗？中国领导人不到一个月就使用这个词了。他感叹，如果美国政府能够从一开始就注重艾滋病的防控，人类所蒙受的灾难就会大大减轻。众所周知，截至 2018 年，全世界累计有 7490 多万人感染了艾滋病病毒，其中 3200 万人死亡，他们已经永远离开了这个世界。

在这里我跟大家分享一段回忆。1987 年 4 月 15 日，中国领导人邓小平会见来访的坦桑尼亚前总统尼雷尔，我担任翻译。后来他们的话题转到艾滋病上。邓小平当时非常肯定地说：“艾滋病，美国最多，吸毒是一个主要原因。”接着又说：“我们现在在尝试用中草药来治疗艾滋病。”尼雷尔听后说，对我们坦桑尼亚来讲，现在最大的疾病还不是艾滋病，而是疟疾。当时，尼雷尔的判断也许是对的，但从今后发展情况来看，他低估了艾滋病在非洲泛滥的可能性。到了20世纪90年代，在博茨瓦纳、南非、坦桑尼亚、莫桑比克、斯威士兰等非洲国家，艾滋病已经成为当地的头号杀手，一些国家甚至三分之一的成年人是艾滋病病毒感染者。在斯威士兰，棺材行业一度成为整个国家增长最快的产业。那天，邓小平还和尼雷尔探讨了中非合作，用中西医结合来治疗疟疾和艾滋病。邓小平对他说，我们打仗时缺医少药，治病很多都是靠中草药。

我回忆这段往事想说明两点内容。一是中国从最高领导人到普通民众都认为传染疾病是人类公敌，各国要精诚合作，共同应对。人类历史上经历过天花、鼠疫、麻风、疟疾等众多瘟疫，没有任何国家能够独善其身，构建人类命运共同体是人类社会的唯一正道。二是面对各种肆虐的病毒，我们要探索中医药治疗和中西医结合治疗，中医、西医各有所长，可以优势互补。这次抗疫过程中，中医药发挥了很好的疗效，十分鼓舞人心。希望我们整个社会都更加重视中医，更加重视中西医结合，这条路一定走得通，而且这应该是中华文明对人类文明的宝贵贡献。

历史进程中的中国战“疫”壮举

中国疫情防控取得了阶段性的胜利，然而新冠病毒在其他国家开始肆虐，总体前景十分堪忧。要知道，人类历史上发生过很多瘟疫，一些大瘟疫及其影响，往往会改变人类历史进程。

我们都知道，欧洲 14 世纪中叶曾经暴发过黑死病，也就是人们所说的鼠疫。一般认为，当年蒙古军队打到了今天乌克兰这一带，把瘟疫带到了欧洲，后来又经商人传到意大利，于 1347 年在意大利西西里群岛暴发，随后蔓延到整个欧洲。我记得钟南山院士说，新冠肺炎疫情在中国暴发，但“不一定发源在中国”。其实，这种情况在历史上是常见的：欧洲黑死病的发源地不是欧洲、1918 年西班牙流感的发源地也不是西班牙。

14 世纪意大利的大作家薄伽丘写过一本名著《十日谈》，书中讲述他亲历了黑死病给自己所在的城市佛罗伦萨带来灭顶之灾，80% 的佛罗伦萨居民死于这场瘟疫，而自己只是幸存者。他写道：“街上行人走着走着就突然倒地死亡，死者皮肤上都是黑斑，城市瞬间变成人间地狱。”这场瘟疫肆虐十多年，造成至少 2500 万欧洲人死亡，占当时欧洲人口的三分

▲ 14 世纪，意大利佛罗伦萨发生瘟疫（乔万尼 · 薄伽丘画作）

之一。瘟疫之后是饥荒，是盗贼四起。

当时在欧洲，很多人都把犹太人和吉普赛人当作替罪羊，指责他们传播瘟疫，结果导致了一浪高过一浪的种族主义迫害浪潮，无数犹太人和吉普赛人被活活烧死。这场瘟疫对后来的欧洲历史进程产生了深远的影响，重创当时占主导地位的天主教会统治，很多人不再相信宗教虚构出来的天堂，为欧洲走出漫长的中世纪做好了精神上的准备。但同时，它也为后来西方盛行的种族主义、种族灭绝等思想和行为埋下伏笔。这让我想到欧洲国家对美洲的殖民以及天花的肆虐，对印第安人来说，就是灭顶之灾。印第安人曾创造过灿烂的文明：位于今天墨西哥的太阳金字塔，位于今天秘鲁的纳斯卡荒原巨画，位于今天危地马拉的玛雅古城蒂卡尔等，都有着历史久远的神秘莫测之感，也有一种文明惨遭摧残的凄凉和悲怆。哥伦布发现美洲大陆是 1492 年，此后长达一个多世纪的时间内，印第安人的主要文明如玛雅文明、印加文明、阿兹特克文明等，被欧洲殖民者摧毁殆尽。

来自欧洲的殖民者，起初想让印第安人皈依基督教，成为奴仆，但没有成功，之后就大开杀戒，而欧洲人带来的天花等瘟疫又成为他们征服印第安人的超级帮手。这些瘟疫在欧洲存在上千年，欧洲人获得了不同程度的免疫力，但印第安人对这些瘟疫毫无免疫力，很快就被殖民者的枪炮加天花彻底击垮。有许多资料记载了当时殖民者故意向印第安人传播天花的行为：一些殖民者主动把天花病人沾染过的枕头、毯子等作为礼品送给印第安人，造成了瘟疫的迅速蔓延。殖民者却幸灾乐祸，认为这是上帝对异教徒的惩罚。西班牙殖民者带来的屠杀和天花，灭绝了 2500 万印第安人。15 世纪，在现在的美国境内，大约有 100 万印第安人，到 19 世纪末仅剩下 25 万人。

美国加州大学洛杉矶分校的迈克尔·曼教授在其名著《民主的黑暗面》

中指出，美国国父杰斐逊一般被视为启蒙运动的理性代表，但他也曾公开主张对印第安人进行种族灭绝。比杰斐逊晚了100年的美国总统西奥多·罗斯福也曾公开说，灭绝印第安人是“终极意义上有益的，也是不可避免的”。迈克尔·曼教授认为，当年德国希特勒所推动的种族灭绝政策，实际上只是延续美国历史上对印第安人的做法。

澳大利亚前总理陆克文在疫情严重期间，曾发表了一个演讲，他强烈谴责这次新冠肺炎疫情过程中，美国等西方国家出现的种族歧视和仇恨犯罪。陆克文是西方国家领导人中为数不多的为西方历史上迫害土著民族而公开道歉的政治人物。陆克文在中国受过教育，能说流利的中文，这种经历可能使他对这类问题的认知比其他很多西方政要更为深刻。

这次抗击新冠肺炎疫情中，大家经常提到一个世纪前发生的西班牙大流感，实际上它源于美国堪萨斯州的一个军营。从1918年3月开始，仅半年时间它就席卷全球。西班牙有800万人被感染，包括国王在内，这大概就是“西班牙流感”这个名称的由来。世界范围内这场流感感染的人数超过5亿，约占当时世界人口的30%，造成的死亡人数在5000万左右，这大概是第一次世界大战死亡人数的4倍。这场大流感某种意义上提前结束了第一次世界大战，因为交战各国都已经没有补充兵力能开往前线作战，所以西班牙流感也改变了欧洲历史的进程。

中国历史上也经历过许多瘟疫，民间甚至有这样的说法：“十年一大疫，三年一小疫。”纵观人类历史，大规模的传染病对人类的生存和文明进程带来过严峻的挑战，也让人类付出了惨痛的代价。中国两千多年的历史中，有史可查的瘟疫大概是350场。比如中国人熟知的东汉末年三国初期的赤壁大战，背后实际上有一场大瘟疫。当时曹操的军队在赤壁吃了败仗，但史学家考证下来发现迫使曹军败走的关键因素是瘟疫。至于“华容道捉放曹”这样的故事，属于文学家的创作。中医药也一直伴随着与疫情的搏斗而发展，东汉末年的名医、人称“医圣”的张仲景就是在这期间写下医学名著《伤寒杂病论》的。

明朝末年，中国北方多次暴发天花和鼠疫。1633 年鼠疫暴发，从山西蔓延到北京。1644 年春，鼠疫在北京达到高峰。过去我们认为李自成政权在如此短时间内因堕落而覆灭，这些年，鼠疫这个凶悍的杀手被学者揭示出来。回望东汉末年的瘟疫和明末清初的瘟疫，它们都改变了中国历史的发展轨迹。

这里还要提一下 1910 年至 1911 年间在中国东北暴发的鼠疫。当时清廷处在风雨飘摇之中，但还是启用了一位名叫伍连德的马来西亚归侨担任防疫总医官，主持东北疫情防控。伍连德力排众议，通过解剖尸体找到病因后，果断推动大规模隔离，在山海关设卡，限制和阻断通往京津的铁路交通。这场疫情造成四万到六万人死亡，但还是避免了更大的灾难。伍连德也被公认是中国传染病防疫的先驱。

历史证明，中国人民永远不会忘记那些为战胜瘟疫做出特殊贡献的人，从张仲景到伍连德到今天的钟南山等一大批功臣。

人类历史上传染病肆虐，也反映在许多美术作品中。如荷兰画家勃鲁盖尔的《死神之凯旋》，西班牙画家戈雅的《瘟疫医院》，挪威画家蒙克的《西班牙流感后的自画像》。这些画作具有一种悲剧的震撼力，直面个体的挣扎、绝望和死亡。中国美术史上反映瘟疫题材的作品不多，这可能和中国人的文化偏好有关。现在能看到的、可能与瘟疫有一定联系的作品，如抗战时期画家蒋兆和创作的《流民图》，直面逃难者的悲怆，但人物形象还是与西方不一样，是扶老携幼的、与众人紧紧相随的逃散。中国人总体上拒绝颓废，失望中总孕育着某种希望，这大概也是中华文明五千年延绵不断的一个主要原因。

新中国成立后，中国人的精神面貌、卫生条件和健康状况都发生了翻天覆地的变化，先后战胜血吸虫病、肺结核、天花、霍乱、鼠疫、麻风、甲肝、非典等传染疾病。中国人均寿命从1949年的不足35岁提高到2019年的77岁。中国发达板块地区的人均预期寿命普遍超过美国的78岁。上海人均预期寿命83岁，比纽约的79岁高4岁。中国的每千人病床数也早已超过美国。

20世纪50年代时，毛主席为中国人民战胜血吸虫病写下了豪迈的诗篇《送瘟神二首》。1958年6月30日，毛主席读到新闻报道，说江西余江地区仅用两年时间就消灭了血吸虫病后，夜不能寐，一气呵成写下了这样的诗句："绿水青山枉自多，华佗无奈小虫何！千村薜荔人遗矢，万户萧疏鬼唱歌。"血吸虫病，是一种慢性寄生虫病，祸害中国人民上千年。染上这个病，许多村庄变成了"无人村"，也就是毛主席说的"万户萧疏鬼唱歌"。毛主席接着叙述战胜瘟疫后的巨大喜悦："春风杨柳万千条，六亿神州尽舜尧。红雨随心翻作浪，青山着意化为桥。"也就是人民动员起来了，人人皆可成舜尧啊。今天不也是这样吗？当时中国6亿人，现在是14亿人，每个人都为这次战"疫"做出贡献。我想，这场战胜疾病的人民战争，必将载入人类文明发展的史册。

毛主席还专门为《送瘟神二首》写了一段后记，总结了送瘟神的经验，他是这样写的："党组织、科学家、人民群众，三者结合起来，瘟神就只好走路了。"这不就是2020年中国战"疫"模式的精髓吗？党中央在关键时刻做出战略决策，发挥坚强领导力量，科技人员和医疗队伍广泛参与，广大民众最大限度地动员与配合，最终我们迅速扭转了疫情形势。

这次战"疫"中，世界卫生组织走进了国人的视野。世卫组织总干事和世卫组织专家团队，正直、专业、公道，具有人类情怀。疫情暴发之初，谭德塞总干事就来中国实地调研。他感叹“我一生中从来没有见过这样的动员”，高度肯定了中国最高领导人的抉择，高度肯定中国方案、中国速度和中国制度安排。他还多次指出，中国把99%的病例都控制在中国境内，为世界各国防控创造了宝贵的窗口期，还比较准确地预测出窗口期大概是一个月。

2月下旬，世卫组织又告诉世界，中国创造的这个窗口期正在缩小，各国必须立即行动起来，否则后患无穷。可惜由于种种原因，世卫组织的这些呼吁在绝大多数西方国家都没有得到重视，西方的很多偏执狂还是幸灾乐祸，瞧，我们多民主，我们多自由，歌照唱，舞照跳，万人马拉松照跑，你们中国“没有人权”，搞“集中营”。现在看来这些偏执狂是多么傲慢和愚蠢。

世卫组织访华专家组组长布鲁斯·艾尔沃德向世界介绍了中国的应对方案，认为这是世界上“唯一已被证实确实有效的方法”。西方媒体总是反问：中国的做法不是侵犯人权吗？民主国家怎么能学专制国家的做法？艾尔沃德告诉他们：你们认为中国人是出于对政府的恐惧才配合防控措施的，中国政府在你们眼里好像是个会喷火、会吞食婴儿的恶魔，但我和那么多普普通通的中国人交流过，在旅馆里，在火车上，在街头，他们都有一种强烈的信念——我们必须帮助武汉；他们像应对战争一样动员起来，他们相信自己是站在了第一线，相信自己的行动是在保卫中国其他地区，乃至整个世界。

我记得BBC记者问中国战“疫”的做法是否侵犯人权时，艾尔沃德回答说：“不是的，这是伟大的人道主义。”他多次谈道：“我亲眼看到了中国人身上表现出来的一种巨大的责任感，要保护自己的家庭、自己的社区、自己的国家，要保护人类，这让人动容。”他还这样讲：“中国有人道主义精神，这些人辛勤工作，他们非常愿意分享，他们为自己的工作骄傲，他们谦虚、不傲慢，他们有责任心。我之前也说过，那些和我们一起工作的中国人让我钦佩，也很受鼓舞。”当我看到谭德塞和艾尔沃德坦然应对这些西方记者时，想起当年蒋介石政权封锁任何关于中国红色根据地的正面报道，把中国共产党人描绘成“青面獠牙的恶魔”。但一位正直的美国记者埃德加·斯诺实地走访了红色根据地，于1937年发表了一本震撼世界的著作《西行漫记》，戳穿了蒋介石的谎言。今天谭德塞、艾尔沃德坚持讲真话，讲专业的话，讲有人类情怀的话，这与西方媒体乃至西方社会广泛存在的对中国的傲慢与偏见形成鲜明对照。许多西方人也通过世卫组织的客观介绍，进一步了解乃至敬佩中国。这种认识可能比过去任何时候都要真实和深刻，这往往是通过他们自己的生命体验感悟出来的。

我甚至觉得现在有些西方媒体的调门开始改变。当这些西方媒体人感到自己的生命也受到威胁时，其中有一部分人似乎开始懂事了，开始悟出一点在中国几乎人人都懂的道理：人要呼吸，人命关天，病毒不分敌我；西方制度有很多问题，中国模式的很多方面是西方望尘莫及的。世卫组织说，中国经验的核心是“速度、资金、想象力和政治勇气”。今天西方模式的特点，我个人认为是，没有速度、缺少资金、缺乏想象力和政治勇气。回望疫情刚开始暴发时，中国是一个被西方舆论深深伤害、反复羞辱的国家。一些西方人士和媒体幸灾乐祸，落井下石，认为这场疫情是中国的“切尔诺贝利时刻”，期待中国体制走向崩溃。然而，一个半月过去，世界疫情出现惊天逆转，中国战“疫”稳步走向胜利，那些幸灾乐祸、落井下石的始作俑者开始陷入一个接一个的灾难。西方冷战思维偏执狂和他们的制度面临自己的“切尔诺贝利时刻”。关键是，他们的傲慢和愚昧祸害了自己的国家和人民。我们主张构建人类命运共同体，但前提是要与这种傲慢与愚昧进行坚决斗争，否则是不可能成功的。

对于14亿中国人来说，这大概也是有史以来最大规模的一次，我称之为开放式的、体验式的中国自信和制度自信公开课。它涉及面广，触及每一个中国人；它时间短，也就是两个来月，可能还会延续一段时间；它强度大，震撼每个敬畏生命者的心灵；它道理直白，中西方制度比较，孰优孰劣，不言自明。我老说这句话：中国模式并非十全十美，它有许多可以改进和完善的地方，但就现在这个水平，也可以和西方模式竞争并胜出。

今天，西方制度最缺乏的就是中国人的实事求是精神。但是，西方政客天天忽悠国民：我们情况很好，新冠肺炎疫情是一个反对党制造的“新骗局”，即使来了，也不要害怕，就是大一点的流感。他们甚至用限制疾病检测这种鸵鸟政策来创造一种虚假的安全感。当灾难降临，他们又陷入混乱和抓瞎，有些人还想“甩锅”中国，还有比这种行为更加卑劣的吗？

我们说，西方的言论自由是非常有限的。通过这次疫情可以看到，哪怕有十个吹哨人、十个发哨人也没有用，只要你敢违背资本的力量，就可以让你整个机构及其专家统统闭嘴。没有副总统批准，谁也不许谈疫情，这就是美国的所谓言论自由。

我们说，西方的制度长于空谈，短于做事。中国人以最大的牺牲为世界创造了宝贵的窗口期，但美国这个3.3亿人的所谓的民主国家、超级大国，到2020年3月8日才检测了1707人。疫情暴发后已经多少天都过去了，连检测所需试剂的百分之一都没有准备好。

我们老说，美国制度今天最大的问题是资本的力量太大。难道不是吗？做一次肺炎测试，用一次救护车，都是数千美元。医院几乎都是私立的，住一次医院可以让很多人破产。美国人民要求全民医保，已经一百多年了，迄今尚未实现，这怎么应对这次疫情？中国是免费治疗，应收尽收，宁愿床等人，也不要人等床。许多美国人已经公开呼吁美国认真学习中国抗疫的经验，因为这些经验是全人类的财富。

我早就不使用“发达国家”这个词，除非不得不引用别人的观点，因为所谓的发达国家不发达的情况比比皆是。这个词给了西方国家太多名不副实的影响力。

人类历史上，大的疫情可以改变历史进程。我的判断是，今天这场疫情也将改变历史进程。我们正在经历百年未有之大变局，我们正在见证世界历史的大转折，人类历史发展的进程中总有一些关键时刻，可能只有几天或者几个月，但世界格局就再也不一样了。我想这次疫情可能就是这么一个转折点，让我们共同见证吧！

“最终战胜疫情，关键要靠科技”

随着新冠肺炎疫情在世界多点暴发，澳大利亚、加拿大、法国、美国等西方国家，都出现了日常生活用品的抢购潮，米、面、瓶装水、卫生纸、消毒液，以及冷藏柜里的东西几乎都抢购一空。美国大型连锁超市好市多（Costco）趁势推出“末日套餐”，就是些罐头食品，最长的可供四口之家吃一年，也是瞬间销售一空。美国很多年长者都说，一生中也没见到过这样的抢购。美国一些地区的枪支弹药销售也在飙升，究竟是“至暗时刻”

将至呢，还是美国众议院议长佩洛西推崇备至的“美丽的风景线”将至呢，我们会看到的。

相比之下，疫情在中国暴发后，社会处乱不惊，市场超级稳定。虽然有些地方偶尔出现过抢购口罩、双黄连等物品，但很快就过去了，几乎没有发生日常生活物资的抢购。在如此长的时间内，十几亿人多数时间“宅”在家里，基本生活需求得到充分保证。只要一部手机在手，生活物资应有尽有。物流配送没有中断，配送时间虽然比疫情暴发前慢了一些，但比国外平时的速度还是要快很多。此外，这次长假中，网络视频、网络课程、网络诊疗、网络游戏等，都大放异彩。

而且短短数月画风突变：中国风景独好，外国风景独特，中国成了世界上最安全的国家。欧美飞中国的机票价格飙升了五六倍，还一票难求。两个月时间里，大家都上了一场惊心动魄的制度自信公开课，规模之大，感触之深，可能对于每个中国人来说都是终生难忘的。中国社会主义模式并非十全十美，还有许多可以改进的地方，但在国际比较中，还是明显地胜出。

党中央的战略定力、国家强大的综合实力、百姓的拳拳爱国心等，让中国社会临危不乱。此外，过去这些年，中国高新技术的跨越式发展，几乎重塑了中国社会运行的基础设施。移动互联网、大数据、人工智能等，在中国社会运用的广度、深度和厚度，确实远远超过西方国家。

中国真正经历了一场互联网革命。互联网技术是西方发明的，但从一开始，西方就把互联网政治化，以信息自由和言论自由的名义，在世界各地推动颜色革命，结果是搬起石头砸了自己的脚，“阿拉伯之春”变成“阿拉伯之冬”，导致很多欧洲国家陷入难民危机。而美国等主要西方国家被民粹主义大潮席卷。

相比之下，中国互联网和高新科技的整体指导思想是“以人民为中心”。习主席明确要求互联网必须“为老百姓提供用得上、用得起、用得好的信息服务”，要中国人民“在共享互联网发展成果上拥有更多的获得感”。“用得上”“用得起”“用得好”，仅这三个词就引来多少西方人的羡慕！中国这种民本主义导向的互联网乃至整个科技发展的大思路，使中国成为世界上唯一一个“一部手机，全部搞定”的国家，给人民生活带来巨大便利，给企业带来无限商机，也使中国迈入了第四次工业革命的“第一方阵”。

在这次战“疫”过程中，中国医学科研队伍展示了雄厚的实力，他们在不到一周的时间里，就确定了新冠病毒的全基因组序列，并分离得到这个病毒的毒株，而且及时与全球共享，获得国外医学界同行的高度评价，为国际社会共同战胜这个疾病，做出了宝贵的贡献。他们还采取多条技术路线，推进疫苗的研发，取得了积极的成效。

此外，我国先进的医疗设备，特别是车载移动医院，也在战“疫”中发挥了巨大的作用。上海东方医院的刘中民院长，曾在我的节目中详细介绍过这种先进设备。十辆车就可以形成一个车载移动医院，它具备检查分类、实验室检验、治疗等各种能力。在灾难现场，医生们甚至可以开展开颅开胸这样的高难度手术。同时，它还可以展开 100 张病床，是一个全功能的医疗单元。就比如支援专家到达武汉后，接管了方舱医院。但方舱医院是临时组建的，没有配备设施。这时，移动车载医院就派上了用场。因为它本身配备了后勤保障系统、医务人员办公系统、指挥系统、信息系统，可以直接移植到方舱医院里，先用起来。此外，25 顶帐篷展开。帐篷展开后，为医护人员提供了餐饮、休息、更衣等后勤保障。移动车载医院这一套设备，可以说科技含量是非常高的。总书记说过，要战胜疫情，最终要靠科技的力量。我们的中国科技，在关键时刻发挥了巨大的力量。

在这次战“疫”过程中，中国整体信息化水平得到充分展现。17 年前非典暴发时，中国主要还是靠电视传播信息。今天，互联网已成为信息发布的主渠道，手机、网站，以及各种权威渠道发布，让疫情相关信息变得十分透明。我们只要比较一下中国和美国疫情信息的发布质量、两个国家的疫情防控水平，包括信息化水平，就高下立判。

这次疫情防控中，5G、AI 算法、无人机、机器人等都发挥了重要作用。比如，5G 云端智能机器人帮助医护人员进行导诊、消毒、清洁、送药等，5G 热力成像测温系统在人流出入较多的地方广泛应用。疫情暴发后，各大云计算厂商，率先宣布向科研和医疗机构免费开放 AI 的算力。通过 AI 算法，原本需要数小时的疑似病例基因分析时间缩短至半小时，为后续疫苗和其他药物开发，打下坚实基础。

大家可能还记得“无人机喊话村民老太太戴口罩”的视频。这次战“疫”中，许多中国式的幽默层出不穷，反映了中国基层工作者无限的创意，也让“宅”在家里的人民忍俊不禁，比如“各位居民朋友，请大家严守规矩，我们这里没有雷神山，没有火神山，也没有钟南山，只有抬上山”。

远程办公、在线教育、在线短视频等在这次长假中大放异彩。我自己在 2020 年 2 月 23 日晚上，第一次通过“腾讯会议”软件，与央视新闻做了一个小时的连线直播，和观众讨论中国战“疫”模式等话题，没想到竟有 7770 多万人在线观看，这大概相当于英国人口和荷兰人口加在一起。其间，一位来自武汉的中学生告诉我，我 10 年前写的《中国震撼》这本书，给了他很大鼓舞。我们进行坦诚互动。在封城封户的武汉，这么多孩子还在刻苦读书，令我十分感动。

中国人是非常重视教育的。我记得 2008 年汶川地震的时候，一位英国记者看到映秀村遇难的孩子留下的作业本，上面抄写着密密麻麻、工工整整的方块字，感叹地说，中国一个偏远村庄孩子的作业，可以让所有英国的同龄孩子感到惭愧。远程课堂教学这次被广泛运用，学生"宅"在家里继续上课，在国内大家可能觉得没什么，但如果你把一个中国孩子在家上课的视频拍给外国人看，估计可以感动很多人。他们就会明白为什么中国人这么有竞争力，为什么中国科技进步得这么快。在线教育还是一个不断完善的过程，但这次超大规模的应用，必然为这个领域开拓广阔的前景。

此外，基于大数据的个性化信息服务也大显身手。现在绝大多数中国人都有一个健康码，红、黄、绿三种颜色，极大地方便了疫情防控。大家手机上的"确诊患者同乘查询"小程序，方便第一时间发现密切接触者。基层社区都有微信小程序，提供点对点社区服务。这一切，在西方国家是做不到的，除了信息化水平差距外，西方文化中的个人权利至上也是一个原因。但愿经过这次疫情的生死考验之后，西方有更多人能够借鉴中国文化中把权利和责任加以平衡的朴素智慧，否则西方社会将越来越难以应对大规模的突发公共危机。《人类简史》的作者尤瓦尔·赫拉利也坦承：在21世纪，如果要人们在隐私和健康之间做一个选择的话，多数人会选择健康。

这次战"疫"过程中，各种硬核科技得到广泛应用，背后是新中国科技事业的跨越式发展。我曾经说过，今天世界上，事实上只有中国和美国处于第四次工业革命的"第一方阵"。回望中国科技事业一路走来，披荆斩棘，真不容易。

1949年新中国成立，毛主席就提议建立中国科学院。1956年1月，党中央发出了"向科学进军"的伟大号召。毛主席指出："我国人民应该有一个远大的规划，要在几十年内，努力改变我国在经济上和科学文化上的落后状况，迅速达到世界上的先进水平。”随后，中央制定了十二年的科技发展规划，将无线电、自动化、半导体和计算技术列为四大重点，不久又启动“两弹一星”计划。1956 年 2 月 1 日，毛主席设晚宴招待全国政协委员。他看了宴会来宾的名单后，用红铅笔把钱学森的名字从第 37 桌勾画到了第 1 桌。他和钱学森聊了很多。毛主席后来对钱学森说，要独立自主，自力更生，敢于走前人没有走过的道路。总之，中国共产党的前 30 年为我国确立独立的科技体系打下了基础。

邓小平也高度重视科技事业，他率先提出“科学技术是第一生产力”的命题。20 世纪 90 年代，当时我还在欧洲，有一次参加中国驻日内瓦联合国办事处举行的国庆招待会，碰到美籍华裔物理学家丁肇中先生，他给我回忆了一段邓小平的往事。那是 1977 年，邓小平问他：“能不能派 100 个中国物理学家到你那里去学习和工作？”丁肇中说，我整个实验室才 30 来个人。邓小平说：“那么我派 10 个。”当时丁肇中的实验室设在德国，中德之间还没有这种交流机制，丁肇中说要问问德国政府能否接受中国科学家的来访。邓小平说：“你今天就打电话问，明天告诉我。”这就是邓小平的风格，雷厉风行，也反映了他期望培养一流科技人才的迫切心情。后来，丁肇中在位于日内瓦的欧洲核子中心工作了很多年，每年都有不少中国物理学家到他的实验室工作。

1992 年邓小平在深圳视察时说：“我要感谢科技工作者为国家做出的贡献和争得的荣誉，大家要记住那个年代，钱学森、李四光、钱三强那一批老科学家，在那么困难的条件下，把‘两弹一星’和好多高科技搞起来。”谈到高新技术时，他说：“越高越好，越新越好，我高兴，人民高兴。”如果他仍然健在，看到今天的深圳已经成为第四次工业革命的创新中心，看到一个华为公司就可以让美国总统宣布紧急状态，看到中国高新技术跨越式的发展，给人民生活带来如此之多的便利，我想他会多么高兴。

习近平主席主政以来，明确提出中国科技要赶超世界先进水平。2016年，他在视察中国科学技术大学时强调：创新居于五大新发展理念之首，要依靠创新，把中国的产业提升到中高端。我国的经济体量到了现在这个块头，科技创新完全来自国外是不可持续的。我们毫不动摇地坚持开放战略，但必须在开放中推进自主创新。习主席提出："要采取'非对称'战略，更好发挥自己的优势，在关键领域、卡脖子的地方下大功夫。"这次疫情暴发后，他又指出，"最终战胜疫情，关键要靠科技"，提出要统筹推进"疫情防控第一线"和"科研和物资生产"这两条战线。全国科技战线也迅速行动起来，确定临床救治和药物、疫苗研发、检测技术和产品、病毒病原学和流行病学、动物模型构建五个主攻方向，争分夺秒，短时间内取得积极进展。

这也让我想起美国国会2020年3月11日举行的疫情听证会。一位美国众议员质疑美国总统领导疫情防控的能力。他问美国国家传染病研究所所长安东尼·福奇，特朗普总统曾经说过这样的话："没人比我更懂疫情，没人比我更懂医学，你们知道，我的亲叔叔约翰·特朗普是MIT（麻省理工学院）的著名教授啊，我们的家族是有遗传基因的。"总统讲这番话的时候，你本人在场，作为科学家，你为什么不告诉他，这是什么逻辑？这是荒谬的。能相信这样的人领导美国的疫情防控吗？另一位众议员干脆称，特朗普对股市的重视程度高于对美国人生命的重视程度，不是吗？当然，美国疫情防控是另外一个大的话题，我们以后有机会再谈。

世卫组织反复指出中国抗疫经验是世界上"唯一已被证实确实有效的方法"。非常有意思的是，这一次，西方国家开始讲国情了。他们说因为他们的国情与中国不同，他们认为自己无法采用中国的做法。尽管很多西方国家的专家甚至普通民众都建议本国政府学习中国，但这些国家的主流媒体和政府却坚持声称，我们的国情不一样。

2019年10月我在法国也碰到类似的情况。这些年巴黎治安每况愈下，即使在巴黎市中心，晚上出去散步也要十分小心。不少巴黎市民建议学习中国，加强城市治安，加强电子监控，一些单位也派人到中国学习考察。但法国《费加罗报》发了一篇文章说，绝不能学习中国模式，那是违反人权。所以，我和法国学者讨论到这个问题时，我说你们社会治安这么差，本身就侵犯了多少人的人权。至于电子监控，英国的伦敦在10年前就是世界第一了，经历了这么多恐怖袭击，最讲究保护隐私的英国人都认可了。再者，从哲学层面来看，我认为你们不应该用工业文明的眼光来看待信息文明，这会铸成大错。中国人对新技术革命的态度比你们要开放，我们力求以信息文明的眼光来看待信息文明，我们认为信息文明是不可阻挡的历史大潮，我们要顺势而为，趋利避害，在发展过程中解决可能出现的各种问题，无论是技术问题、伦理问题、隐私保护问题还是法律问题，我们认为只要大家努力，这些问题最终都是有解的。

这次战“疫”，我们打了三种战争：人民战争、总体战、阻击战。高新技术无疑为此提供了最先进的武器，而贯穿这一切的，还有一种宝贵的中国精神。中国精神与高科技的结合，是我们这次战“疫”制胜的法宝。

首先说阻击战。阻击战就是在疫情突然暴发之际，立即阻断疫情蔓延，为此我们封城，打响武汉保卫战。同时，其他省份纷纷启动一级响应。一批又一批医护人员第一时间从中国各地奔赴武汉，这是一种“共赴国难，冲上去”的中国精神。我们10天就建成了1000个床位的火神山医院，这是全世界第一家全面使用5G网络的高科技医院，整个施工与设备安装24小时连番作业，保质量、抢时间。这背后也是“共赴国难，冲上去”

的中国精神。

再说总体战。它是上上下下，东西南北中，数十个部门日夜协调作战，展现了“一方有难，八方支援”的中国精神。我们的大数据技术，无疑是这次总体战的“神助力”。比方说通过大数据，电脑上可以随时展示全国各地的春节人口迁徙图，而且交通、电信、地图等信息都综合在一起，自动汇合，为总体战的指挥和协调提供了科学依据。

最后说人民战争。毛主席说，战争的伟力在于民众。习主席说，把人民的生命和健康放在第一位。这次战“疫”做到了最大限度动员人民直接参与，人人为我，我为人人。各种硬核科技使人民直接参与成为可能，比如权威信息通过微信直达基层、直达百姓，大家第一时间知道做什么，怎么做。大多数人第一时间取消旅行；大家外出都佩戴口罩；网上上线了疫情实时动态、免费义诊、各省市医疗救治的定点医院、发热门诊信息等服务。同样是“宅”生活，在中国，和在意大利、法国、澳大利亚、美国的体验是不一样的，更不要说第三世界国家了，总体上中国的“宅”生活品质远远高于西方国家。

坦率地说，这种由阻击战、总体战、人民战争构成的中国模式，再加上高科技的“神助力”和伟大的中国精神，其他国家确实难以复制，难以模仿。阻击战就是要一批人冲上去，总体战就是要多部门合作，人民战争就是要全体人民的动员。这就是中国模式厉害的地方。这次战“疫”使全世界都看到一个高效运转的中国，一个超级现代的中国，一个充满团结精神和献身精神的中国。

西方一开始认为新冠肺炎就是一场大一点的感冒，中国反应过度。但这些人，包括专家，始终没有讲一个事实，就是它的传播系数。因为根据我看到的不同资料，新冠肺炎的RO（基本传染数）是2～4。哈佛大学教授认为是 3.6，说相当于原子弹。如果是指数级传播的话，那就不得了。现在英国、法国、德国都说可能人口的 30%、40% 都会感染，哪怕病死率很低，1% 甚至不到 1%，那死亡人数都是几十万的。在我看来，这是他们犯的巨大错误，现在证明不是我们过度了，是他们太轻视了。这也反映出不同国家的价值观。他们觉得 2% 到 3% 的病死率是可以接受的。但是在我们今天的中国，觉得是不能接受的。我们是一个人口大国，哪怕病死率只有 1%，乘上人口基数，都是不得了的绝对数。所以是不是把人民健康放在第一位、是不是放在心上，从这些所谓的政治家也好，政客也好，他们的言行举止中，其实是能判断出来的。所以谭德塞总干事一直在强调的一句话是，这不仅仅是一个个数字，每一个数字后面都是生命。

当然，世界疫情已经多点暴发，西方世界可能会陷入金融危机和经济衰退，甚至不排除西方模式从此走下神坛。我相信这是历史大转折的时刻，只要我们目光远大，脚踏实地，齐心协力，把握战机，该出手时一定出手，中华民族伟大复兴的目标，将得到更好实现，构建人类命运共同体的全球共识，也会更加强烈。而中国模式和中国科技的伟大力量，一定能在这个过程中发挥十分重要的作用。

对于我们中国人来说，新冠肺炎疫情毫无疑问给我们带来了伤痛，但是也催生了我们无穷的勇气和信心，而且事实上到现在已经证明中国的努力可以战胜它，所以我们也希望在跟世界分享经验的同时，也把这种信心和勇气分享给全世界。未来可能还有其他人类共同面临的挑战，我们一起应对。

对话与讨论：中国抗疫和外媒的双重标准

中国移动 4G 81% 下午3:47

对方正在输入…

？世卫组织专家布鲁斯·艾尔沃德在接受美国记者采访时说：中国的抗疫方式可以被复制，但这需要速度、资金、想象力和政治勇气。速度、资金这两项大家可能不难理解，想象力和政治勇气怎么去解读？

这个想象力就是，过去西方人好像认为，战胜疾病就要等疫苗、药物，其他办法不行；中国是能用什么办法就用什么办法，没有这么多条条框框，像封城，他们估计想都不敢想，我们就这样做了。而且这么厉害的病毒，没有治疗经验，现在突然之间开始减缓了；在没有特效药和疫苗的情况下，我们居然控制住了，这是他们想象不出来的。艾尔沃德的经历很丰富，去过西非，埃博拉就是他牵头的，我相信他从来没有经历过、感受过这样的场景。

政治勇气，我觉得特别重要。我在俄罗斯停留时，他们问我中、俄、美三者的关系，我说你们就看领导人的素质，中国和俄国是政治家治国，美国是政客治国，

中国移动 4G 81% 下午3:47

对方正在输入…

甚至连政客都不是，只是商人在治国，这产生的结果是不一样的。封城的决定是不得了的，我真希望哪天能把封城的整个决策过程写出来，我想一定是惊心动魄的，真的，晚一天都不行，你想马上就是年三十，大家吃饭，病毒可能就传开了。所以这个勇气是非凡的，我真的觉得我们党中央很给力，习主席非常给力。

?

《纽约时报》在报道中国和意大利采取封城措施时的态度，真的可以说是截然不同。谈到中国时说我们的封城给人民的生活和自由带来损失，说意大利是为了防止疫情在欧洲扩散而不惜牺牲经济。请问老师，怎样看待某些西方媒体的双重标准呢？

实际上西方主流媒体双重标准，已经屡见不鲜，比比皆是。说到两个地方封城的不同报道，让我想到最典型的就是他们对恐怖主义事件的态度，中国人被杀了不是恐怖主义事件，美国人被杀了才是恐怖主义事件。在人权问题上也是，他们在阿富汗杀了那么多人，行侵犯人权之实，但在他

中国移动 81% 下午3:47

对方正在输入…

们眼中，这不是侵犯人权，而是捍卫人权；而中国的任何事情，到他们口中，都是侵犯人权，包括建方舱医院。这些事情我们见得太多了，所以我们在节目中总是说，不要理睬他们了，把他们留在黑暗中吧。这一次我发觉随着疫情的逆转，他们自己的生命也受到巨大威胁的时候，有些人开始觉悟了，认识到他们的媒体对中国的报道这么长时间以来出了很多问题。

第七章

百年未有之大变局：中国崛起

百年未有之大变局

“百年未有之大变局”这句话最早的说法是“千年未有之大变局”，这是清末洋务运动的领导人之一李鸿章提出来的。当时，数千年的中华文明一碰到西方，遭遇各种挑战，以前从没见过这种情况，于是“三千年未有之大变局”的说法就在民间流传开来。我在 2011 年出版的《中国震撼：一个文明型国家的崛起》中曾提出一个观点：“如果说一个半世纪前，西方染指中国，给中国带来了‘千年未有之大变局’，那么世界可能正在目睹，并且将继续目睹中国崛起给西方、给整个世界带来的‘千年未有之大变局’。”我之所以这样说，是因为中国这样规模的“文明型国家”一旦崛起，无论做什么，都可能成为世界级的规模，产生世界级的影响。

习近平主席在 2018 年中央外事工作会议上谈国际形势时提到，中国现在处在近代以来发展最好的时期，这是国内。国际就是，现在整个世界是“百年未有之大变局”。百年可以指一百年，也可以指数百年，我想它指的是数百年。这主要是从两个角度来看的：一是西方从所谓的航海时代、哥伦布发现美洲大陆，到现在 500 多年，这是数百年；二是从第一次工业革命 1776 年，就是 18 世纪下半叶，到现在 250 多年，这个时间，我们也称之为数百年。这期间出现的最大变化就是西方国家和其他国家的力量对比发生结构性的改变，其他国家板块上去了，其中最主要的是中国，由此整个世界格局开始改变。我们过去学发展经济学总会讲到依附理论，一个是外围国家，一个是中心国家，然后外围依附中心，外围供养中心。中国的崛起第一次突破了这种结构，世界治理结构由此发生了深层次的变化。

“百年未有之大变局”这种景象通过中国人“一带一路”的创举而日益清晰地展示在人们面前。“一带一路”创举在某种意义上正在重塑这个世界。我曾经讲过，“一带一路”开启了海、陆文明再平衡进程。与一个半世纪前中国遭受的“大变局”不同的是：当时西方列强带给中国人民的是血与火，是大量痛苦悲惨的记忆，而今天中国给世界带去的是合作共赢，是迈向人类命运共同体的实质性创举。

“一带一路”正在改变过去四五百年所形成的海洋文明对大陆文明的主导，推动互联互通和要素流动，中国内陆和许多内陆国家从商贸开放的后方一跃成为前沿。在一个更广的意义上，“一带一路”可能推动建构一种新的地缘文明，即超越传统地缘政治和地缘经济的逻辑，不是以邻为壑，而是合作共赢。“一带一路”为世界提供更中性的公共产品和理念，提倡文明对话和民心相通，提倡不同发展规划的沟通和对接，而不是互相替代，代表了未来国际合作的方向。总之，“一带一路”创举正在改变这个世界，正在开创和引领一种新型的全球化，正在给中国人民和世界人民带来实实在在的福祉。

2020 年的新冠肺炎疫情也是一个标志性的变化。国际上有些人士认为，中国现在援助欧洲国家，中国要代替美国了。美国现在由于种种原因没有能力来帮助其他国家，甚至连自己都做不好。客观而言，从世界角度来说，这实际上就是“百年未有之大变局”的一部分。大家看得出来，欧洲本身没有能力，美国也没有能力摆脱这样的危机，中国现在出手某种意义上就是定了调。所以西方很多带有冷战思维的人就非常担心，担心美国恐怕要失去世界领导地位，他们用了个词叫“苏伊士时刻”，说美国面临着“苏伊士时刻”。

▲ 中国医疗专家组赴意大利抗疫

“苏伊士时刻”这种说法现在听到的比较多。它有什么特点呢？就是西方喜欢用一个标志性的战争或者事件来锁定大国交替的时间。“苏伊士时刻”指的就是大英帝国在全球事务中失去了既有领导力，不得不让位于新的世界霸主美国的那个标志性时刻。西方很多学者把 1956 年的苏伊士运河战争看作美国取代英国的分水岭事件。英国当时还想继续打埃及，美国要扩大自己的势力范围和影响力，对英国说你必须停火，12 小时内你必须停火，后来英国就只能停火。于是这次事件就变成一个关键的转折点，具有象征意义。实际上，中国人看问题不是这样的，面对危机和灾难，我们真的是希望能够一起合作，共克时艰。但西方很多人老从地缘政治角度考虑，认为中国要代替美国，得想办法扼制。知道这个背景，对我们了解“百年未有之大变局”是非常有帮助的。

“百年未有之大变局”最重要的一个表现是西方世界自己发生了混乱。这种混乱，可以从英国脱欧和特朗普总统入主白宫后跟中国搞脱钩、搞贸易战，退出各种国际组织和协议等说起，这些做法都是西方自己起来反对已经运行了一百多年的自由主义的国际秩序。西方自己能力下降，控制不住局面以后，就把责任推到外面，好像是我们新兴大国让它受到了伤害。但中国在2020年的抗疫中树立了一个标杆，从某种意义上讲，让西方自己做的时候有了压力。从这个意义上去体会“苏伊士时刻”，很有一番味道。美国强的地方，我们要实事求是地看到。但是它在制度方面的困境，以及现在遇到的掣肘，我们看得也很明确。一个国家可以把内外都处理得非常好，对人民来说才是最大的福祉。

新冠肺炎疫情在欧美大暴发，民众对政府应对不力强烈不满，其中一个原因，就是中国抗疫模式比较成功，跟他们本国政府的不作为形成强烈对比。他们认为，为什么中国可以做到，而我们西方国家做不到呢？这也使得西方的反华势力十分恼火，于是就使出了各种造谣诬蔑手段。最离谱的是，据报道，有英国官员说中国疫情的真实数据应该是中国通报的40倍。我经常讲，我们今天看西方媒体对中国的许多报道，最好当笑话来看，不要太在意。

现在是网络世界，专业信息的渠道沟通非常畅通，我看西方专业人士对中国抗疫的评价，总体上还是比较客观的。在社交媒体上质疑西方主流媒体妖魔化中国的声音也非常多。我就看到一个网民的调侃，说如果中国的数据是假的，那麻烦了，中国采取这么严格的防控措施，数据还是假的，那西方国家采取如此松懈的措施，只能完蛋了；反过来也一样，如果中国数据都是真的，那也麻烦了，西方现在采取这么多模仿中国的做法、措施，但落实的过程、落实的程度远远不如中国，那么西方国家什么时候才能达到疫情拐点呢？

所以这次新冠肺炎疫情的暴发，很像是一场世界大战，它的敌人不是某一个国家，而是病毒。与前两次世界大战相比，这次大战发展的速度很快，或者说更快，影响的国家和人口更多、更广，它已经在世界 200 多个国家和地区暴发。它造成的经济损失可能不亚于前两次世界大战，它造成的生命损失，现在还难以准确判断。《纽约时报》专栏作家弗里德曼把这次新冠肺炎疫情看作是历史的分水岭，宣称今后的世界将分为“新冠前世界”和“新冠后世界”，就像公元前和公元后那样。基辛格在《华尔街日报》上发表了《新冠病毒大流行将永远改变世界秩序》一文，把疫情称为“前所未有、破坏巨大、全球规模的挑战”。毫不夸张地说，这是一个历史关口，我们正在见证人类历史的大转折。我们正逢百年未有之大变局，也是百年未有之大机遇，不管我们是否愿意，都已经被推到了世界的最前台。

变局之下的四大挑战

这场没有硝烟的“世界大战”几乎可以把“百年未有之大变局”所涉及的各种问题都浓缩在一起。我认为其中有四个问题值得重视和探讨，或者叫“四大挑战”。这“四大挑战”分别是：新兴大国与守成大国地位变化带来的挑战、新工业革命带来的挑战、文明冲突带来的挑战、制度竞争带来的挑战。

和历史上类似的挑战相比，今天的这些挑战显得更为严峻。因为历史上这四种挑战中任何一种单独就可能引发战争，或者引发过战争，而今天这四种挑战是叠合在一起的，互相渗透的，所以情况更为复杂。当然，今天的世界与过去的世界有一个最大的不同，那就是中国作为一个文明型国家和社会主义国家的全面崛起，这改变了世界上很多东西。我想，中国应对这些挑战的理念和举措，将深刻地影响世界格局的未来演变。

现在我们先谈前两个问题，这都是我个人的思考，一家之言，算是抛砖引玉，希望有更多的人一起来思考这些关系到中国与世界未来的大问题。让我们首先来看看新兴大国与守成大国地位变化带来的挑战。大家知道，对这个话题着墨最多的是美国哈佛大学教授格雷厄姆·艾利森，他借用古希腊历史学家修昔底德对伯罗奔尼撒战争的研究，提出过一个结论，说当年雅典城邦崛起，引起了斯巴达城邦的恐惧，结果是战争。他通过16个案例论证，认为守成大国和新兴大国之间存有一种“结构性的矛盾”，其中12次爆发或导致了战争。

我一直认为，对美国也好，对西方也好，该讲的道理一定要讲，而且要讲得直白，讲得清楚。中国是一个具有强烈历史感的文明型国家，只要比较中西方的历史发展，你就可以发现两者有一个重大的差别。历史上的欧洲，它的大国都是军事帝国，用武力征服其他国家是他们信仰的一部分。欧洲的崛起一直伴随着殖民战争和其他战争，只是在经历两次世界大战后，欧洲国家才开始痛定思痛，走上了和平整合的道路，但即便这样，它还是没有放弃对外使用武力欺负弱小国家。

中国没有西方这种军国主义的传统。15世纪上半叶郑和下西洋的时候，他的主力舰的排水量百倍于80来年后哥伦布发现美洲大陆的“圣玛利亚号”，但中国没有对其他国家殖民。这种崇尚和平的传统和基因一以贯之。我们可以比较一下美国和中国。1890年前后，美国成了世界最大经济体，就发动了美西战争，占领了菲律宾和古巴等西班牙的殖民地。相比之下，中国在2014年按照购买力平价成为世界最大的经济体，以中国今天的军事实力，我们也可以很容易地收复所有被邻国占领的南海岛礁，但中国没有这样做，而是主张通过谈判来解决分歧。

作为一个崇尚以和为贵的民族，中国人是从自己近代史上遭受一次又一次的西方入侵中，认识到没有强大的国防，就会任人宰割，所以才开始了追求民族复兴和强大国防的目标，并且取得了巨大的成功。今天中国人对自己的国防能力很有信心，中国不会接受任何国家对中国核心利益的挑战，中国保持着强大的止战能力，保持着对美国说“不”的权利。

我一直说，美国人是最承认实力的，所以，我们该展示实力的时候，一定要展示实力。2020年中国和美国应对新冠肺炎疫情的表现，很大程度上是两个国家综合实力和治理能力的同台竞争。中国是遭遇战，仓促应战后很快稳定下来，把一手烂牌打成一手好牌。相比之下，美国以逸待劳，坐失良机，打得荒腔走板，一跃成为全球疫情的震中。美国约翰斯·霍普金斯大学统计数据显示，截至美国东部时间11月3日16时25分，美国累计新冠肺炎确诊病例达9358469例，累计死亡病例232374例。24小时，美国新增确诊病例89573例，新增死亡病例1054例。而中国截至北京时间11月3日24时，累计死亡病例4634例。要知道，美国总统特朗普在3月底的记者会上是这样说的：如果最终能够把死亡人数控制在10万内，就说明我们干得不错。这话听着真让人毛骨悚然！

就这样的作战水平，美国政客还要“甩锅”中国，连艾利森教授都看不下去了，他在《外交事务》杂志上发文指出，美国政客把矛头对准中国，这是逃避现实，“他们试图逃避为自己的失败承担责任”。他认为，不管中美结构性的冲突如何，在战胜新型冠状病毒这方面，美国面临的紧迫挑战不是中国，而是美国自己未能调动起与这种威胁相匹配的反应能力。他主张中美双方合作应对这场疫情。他说，中美都应该认识到，彼此都需要对方来击败病毒这个致命的敌人。因此，伙伴关系，即使有限的伙伴关系，在战略上也是必要的。

一方面，我同意艾利森教授的这个观点，认为面对如此严重的疫情，中美应该合作。但细看一下，他这句话还是有点问题，他说“彼此都需要对方来击败病毒这个致命的敌人”，但今天的事实是，中国几乎是凭一己之力，遏制住了病毒传播。而在这个过程中，美国的偏执狂一直是幸灾乐祸、落井下石的。现在美国自己成了疫情震中，这是中美关系中的一个巨大变化，这种情况今后估计将在越来越多的领域内发生，这本身也是百年未有之大变局的一部分。

在 2020 年 4 月初，美国 93 位前高官，包括克林顿政府时期的国务卿奥尔布赖特和三位前美国驻华大使，发表了一篇声明，呼吁中美合作抗疫。声明中说，在中国生产医疗设备的能力、中国医务工作者的经验，以及疫苗研发方面，我们可以进行跨国的合作。奥尔布赖特认为双方有“令人信服的理由进行合作”。“美中两国如果不展开某种程度的合作，任何抗击新冠病毒的努力——无论是在国内拯救美国人的生命，还是在国外抗击这种疾病——都不会取得成功。”与美国现任国务卿蓬佩奥这样的偏执狂相比，这篇声明中包含了更多的理性，我觉得这是值得肯定的，而且她也看到了中美双方的抗疫能力，实际上是不对称的；她看到了中美两个大国应该合作应对这场人类社会共同面临的挑战。

但这篇声明还是延续了美国人的傲慢与偏见，竟然提出，中国在应对新冠肺炎疫情的问题上还是有不少方面需要负责：最初的隐瞒，持续缺乏透明度，没能全面与美国和国际医学机构充分合作，公然发起宣传运动，将危机的责任转移到美国等。这样的指控是中国人断然不能接受的。在这种认知基础上是无法进行合作的。

美国要做的首先是深刻反思自己的制度危机，纠正自己防控过程中的各种严重失误和漏洞，否则中国人怎么帮你也是没有用的。中国不会像美国那样，在别人危机的时候落井下石。我们对美国人民蒙受的苦难感同身受，我们也会对美国提供力所能及的人道主义帮助，这是任何国家都应该做的。但两个国家之间大规模的合作，需要有良好的氛围，需要把对方看作朋友，而不是敌人，需要尊重对方的核心利益。如果到今天还是盛气凌人，惹是生非，不断侵犯中国的核心利益，那谁买你的账？我们将给予坚决的反击。

艾利森教授在谈“修昔底德陷阱”的时候多次强调，中美之间的矛盾是结构性的，是难以调和的。其实，这没有什么了不起，中国发展模式的最大特点就是长于“调结构”——中国是“调结构”的专家。在这方面，我们要做的是进一步全面增强中国的综合实力，包括软硬实力，同时让美国清晰地知道，任何时候都不允许损害中国的核心利益。

下面我再谈谈新工业革命带来的挑战。我们知道，第一次工业革命是以英国人瓦特 1776 年发明蒸汽机为标志开始的，大机器生产逐渐取代工厂手工业，生产力得到突飞猛进的发展。在第一次工业革命前后，英国通过战争手段，为自己打造了一个包括商品、劳力、资本、原材料市场在内的统一的国际市场。由于率先完成工业革命，英国很快成为世界霸主。

第二次工业革命是从 19 世纪下半叶开始，以发电机、内燃机的使用为标志，资本主义随之就进入帝国主义阶段，先是英国，然后是法国，然后是德国，还有一些其他欧洲国家，很快把整个非洲瓜分完毕。总而言之，前面两次工业革命，本身都伴随着殖民主义、帝国主义的血与火、扩张和杀戮。

由于历史原因，中国错过了第一次工业革命和第二次工业革命。改革开放前的 30 年，我们艰苦奋斗、筚路蓝缕，为中国崛起奠定了基础，包括政治制度的基础，包括比较完整的工业体系基础、独立的国防体系基础、独立的科技体系基础，还包括土地改革、妇女解放、教育普及、基本医疗等社会基础，为中国崛起创造了条件。然后从改革开放以来，我们几乎是以每十来年完成一场工业革命的速度，一路追赶过来。

从20世纪80年代到90年代初的十来年，我们通过大力发展乡镇企业，完成了以纺织业为主的第一次工业革命。从 20 世纪 90 年代初到 21 世纪初的十来年，我们大致完成了以电力、内燃机、石化工业和中高端基础设施为主的第二次工业革命。然后，与西方几乎同步地进入了以信息化和通信产业为代表的第三次工业革命。起初是追赶，然后是逆袭，现在已经成为第三次工业革命的佼佼者。今天世界正处在从第三次工业革命到第四次工业革命的转折期，以大数据、人工智能、量子通信等为代表的第四次工业革命将极大地改变人类生活和运作的方式。应该说，中国已经进入这场新工业革命的“第一方阵”，而这一切都是在和平中实现的，这是世界近代史上的一个奇迹。

新工业革命带来的新陈代谢和激烈竞争前所未有，同处在第四次工业革命第一方阵的中国和美国，是否会发生冲突和战争？我认为，局部冲突不能完全排除，但中美两个大国都是核大国，它们之间发生全面战争的概率是很小的。此外，中美两国有许多深度的利益交融，我相信中美两个国家最终会找出一条合作共赢的道路，但这需要经过斗争。

现在美国对中国华为公司的围剿就是一个例子。他们把 5G“控制权”的竞争看作是新的“军备竞赛”，认为谁控制了 5G，谁就能在经济、军事和情报上领先他人。所以过去这一两年里，美国一直在全力阻止其欧洲盟国和其他国家使用华为设备，但未能奏效。现在美国又想采用更为极端的措施来阻止华为的成功。但他们的举措激起中国人民更大的义愤，最终将是搬起石头砸自己的脚。中国是世界最大的消费市场、世界最大的投资市场，也是率先走出疫情的最大经济体，中国有能力应对美国反华势力的挑战。在新工业革命中，美国想孤立中国，我估计更可能的后果是它最终孤立了自己。

除了中美因素之外，新工业革命本身也带来许多挑战，人工智能、生命科学、量子计算、无人化等日新月异，跨界融合、质变突破，在造福民生的同时，也潜藏了很多问题，包括失业问题、安全问题、伦理问题等各种风险，人类社会传统的生产与生活方式面临颠覆性的冲击。随着人工智能技术的加速发展，致命性的自主武器系统的研发也在加速推进，是否会被恐怖分子利用等，都是我们担心的问题。基因编辑技术也有被滥用而失控的危险。此外，利用深度学习算法的这种“深度伪造”技术也在冲击各国及全球的信用体系。这些都是人类社会面临的新的挑战。

中国成果背后的价值观

在这次疫情防控中，5G、AI 算法，还有中国整体信息化的水平，都发挥了非常重要的作用，展示了中国拥抱新工业革命的巨大成果。这些成果的背后，是中国作为文明型国家和社会主义国家所特有的一些理念。

一是“以人民为中心”的民本思想。与西方把许多高新技术，特别是互联网都政治化的做法截然不同，中国“以人民为中心”这种理念，使新工业革命获得了世界最大最广最深的应用市场，使人民具有巨大的获得感，使企业获得无限的商机。

二是我们与时俱进的文化基因，我们“苟日新，日日新，又日新”的千年古训。我们以信息文明的眼光来看待信息文明，而不是以传统工业文明的眼光来看待信息文明。我们认为信息文明是不可阻挡的历史大潮，我们要顺势而为，趋利避害，在发展的过程中解决可能出现的各种问题。

三是构建人类命运共同体的理念，让新工业革命和高新技术为整个人类服务，而不是为少数利益集团服务。例如，在2020年抗击新冠肺炎疫情的战斗中，世卫组织专家高度肯定中国科学家及时与各国分享病毒基因测序等大量信息和知识，认为这是国际社会团结一致抗疫的一个重要的部分。

大家千万不要小看理念的意义，中国人做事情讲“道”，讲“正道”，讲“大道至简”。“道”这个字三千多年前就有了，这是中国人的伟大智慧。“道”是一个更高的、更综合的概念，它的载体是理念，它是管“术”的，它可以把不同的“术”串在一起，打出完美的组合拳。

在这之前我们就谈到，一场疫情“世界大战”袭来，让那个表面看来挺“高大上”的2019年《全球卫生安全指数》成了国际笑话。在它上面排名最高的美国等西方国家一仗打回原形，而中国却脱颖而出。它这样的指标只会数“术”，而且带有偏见，不懂中国人讲的“道”。在这次战“疫”中，我们的“道”就是“人民的生命高于一切”。在这种理念指导下的整个战“疫”，让西方很多人看得眼花缭乱，目瞪口呆，想学都学不会。

习近平主席谈到我们疫情防控的成绩时说，用一个多月的时间初步遏制了疫情蔓延势头，用两个月左右的时间将本土每日新增病例控制在个位数以内，用三个月左右的时间取得了武汉保卫战、湖北保卫战的决定性成果。对我们这样一个拥有14亿人口的大国来说，这样的成绩来之不易。

无疑，这确实是一份震撼世界的成绩单。能取得这样的成绩，其中一个重要原因，是无数普普通通中国人的美好表现，这些表现体现了中国人所信奉的非常宝贵的价值观。

然而西方一些国家面对疫情溃败，极大祸害了本国人民，仍然以西方价值观为由，指责中国的应对模式侵犯人权，侵犯个人自由。就这个意义而言，我觉得从中国人这次战“疫”所体现的品格中，提炼出一些对全人类具有普遍意义的价值，很有必要。不仅可以极大增强中国人民的价值观自信和文化自信，而且也可以为人类普遍价值做出中国人的贡献，同时形成对西方价值的压倒优势，形成一种价值观上的心胜。

第一，这次抗疫中，我们提出的“生命至上”“人民的生命高于一切”就可以成为普遍价值。通过中西方应对模式的对比，我们才发现，原来天天高喊人权和“普世价值”的那些西方国家，居然没有中国人人都懂的“人命关天”的理念，居然不认同“人民的生命高于一切”。我们不惜成本地抢救每一个生命，这是最感人的，也是最令我们国人感到自豪的。

疫情防控中，最令国人以及很多外国人感到震惊的是很多西方国家对老年人生命的漠视和一些国家提出的所谓“群体免疫”的概念。这些国家中，有的地方要求老年公民签署放弃治疗的同意书，有的医院根据年龄、是否有基础性疾病等状况打分，来决定是否进行抢救。养老院死亡人数在一些西方国家占到死亡人数的三分之一，甚至更多。更有国家在相当长的时间内，根本不统计养老院的死亡人数。所以，俄罗斯《新观点报》2020年4月15日发表文章说：这些西方国家急速退回到真正的中世纪，这不光是指骇人听闻的医疗救助质量的问题，还是指伦理道德规范的问题。

中国文化敬天爱人，尊道贵德。中国传统伦理价值观以家庭为本位，而非西方以个人为本位。中国人重视亲情，和睦、孝道文化，源远流长。

中国人的生命观是整体性的，每个人都有童年、青年、老年，如何对待生命、如何对待老人，就是如何对待自己、如何对待自己未来的生命。早在两千多年前，儒家经典《礼记·礼运篇》中就提出："人不独亲其亲，不独子其子，使老有所终，壮有所用，幼有所长，鳏寡孤独废疾者皆有所养。"用今天的白话讲，就是人不只是敬爱自己的父母，不只是疼爱自己的子女，要使老年人能终其天年、中年人能为社会效力、儿童能健康成长，使失去配偶的老人，使幼年丧父的孩子，使老而无子的个人，使身有残疾的人都能得到供养。我们以人民为中心的发展理念，要求人人都能过上比较美满幸福的生活，这是古人和今人的共同理想，也是中华文明血脉五千年生生不息的一个主要原因。

在这次疫情防控中，中国人的这些价值观与西方国家的商业利益优先、社会达尔文主义、毫无人性可言的"群体免疫"理念，以及放弃老人救治的做法，形成鲜明对比。无数中国人切切实实地感受到，生活在这个最尊重生命的国家，是多么幸运。对整个世界来说，还有比这更好的人权教育吗？连生命权都不尊重的国家，还有资格给中国上人权课？此次抗疫，中国民众都获得一种久违的价值优越感，使中国自信和文化自信获得一种新的境界。

第二，在抗疫中，中国人民展示出的众志成城的团结精神，感动了无数中国人和外国人。我们再次发现，一旦国难当头，中国人"众志成城，共赴国难"的价值观，早已内化在我们的血液中。我们使用最多的词语是"逆行者"，四万多医护人员在第一时间奔赴疫区，招之即来，来之能战，战之能胜。这是其他国家很难做到的。一是因为他们往往只有"一方"，没有"八方"；二是因为他们一般没有类似中华民族团结精神这种家国情怀。

我的好朋友、英国学者马丁·雅克说，中国人的团结发自内心，是骨子里的一种精神。我特别想提及这次战“疫”中，年轻人所展现出来的那种“国家有难，冲上去”的家国情怀。这次“逆行”的医护人员中有近一半是“90后”，他们的青春在“战疫”中绽放。整个疫情防控期间，我在上海。我说过很多次，今天的上海是一个比纽约更现代、更发达、更普遍富裕的城市。但国家遇到劫难的时候，我们的年轻一代照样第一时间冲上去。在一个开始普遍富裕起来的社会，年轻人还有这种众志成城的团结精神，还有一种为了他人可以冲上去的精神，令人感动至极。

相比之下，许多其他国家，特别是西方国家，其社会是分裂的——党争不断；民众不相信政府，政府不关心人民；个人权利至上，人人只顾自己，当然整个社会为此付出了沉重的代价。我们也看不到西方国家之间，以及西方国家内部之间的团结精神。美国已经成了世界上疫情最严重的国家，但是联邦政府和州政府之间的关系越来越紧张，各州州长抱怨采购的医疗物资被联邦政府劫走。在马萨诸塞州，政府负责人拨款为医护人员提供大量个人防护设备，但就在物资即将抵达时，被联邦政府截留。这样的国家要人民团结起来共同抗疫，怎么可能？所以中国人的团结精神，也赋予我们价值优越感。

第三，中国人展现出了责任心。中国人对家人、对他人、对社会、对国家、对世界，都有绝大多数西方人难以企及的责任感。在西方社会，不要说十几亿人，哪怕要让一个小区的人宅在家里或者戴上口罩，都是相当不容易的，因为个人权利至上的文化已经深入他们的骨髓。西方自由民主主义的核心概念，也就是所谓普世价值的自由观，这次受到了严峻的挑战。当疫情在中国暴发的时候，西方政府和媒体都对中国采取的“限制外出”“封城”等管控措施横加抨击，认为“违反人权，侵犯个人自由”。

当新冠肺炎疫情在西方蔓延，造成重大代价后，西方政府也不得不推行类似中国的管控措施时，很多西方民众依然以“人权自由”的名义，谴责他们政府颁布的举措，并继续行使个人自由的权利，自由外出，自由聚会。一些所谓的公民社会组织以人权自由的名义，抗议政府要求佩戴口罩的命令。传说中的西方公民社会的自治能力，显然违背了多数公众的利益。

西方思想界虽然多数人还是固守自由主义，但也有人开始质疑过度的“自由”了。《纽约时报》专栏作家托马斯 · 弗里德曼就说，世界上应对新冠肺炎疫情可以分为两种情况，一种是“严厉社会”，一种是“松散社会”，“严厉社会”应对疫情的效果，大大好于“松散社会”，“只有严格的规则和秩序才能拯救生命”。他认为“松散社会”似乎有更多的自由，但应对灾难的表现实在不佳，导致大众利益受损。所以他呼吁美国，要从“宽松”变成“严厉”，要对“宽松”的程序设定做出巨大的修改。“越是让我们的文化变严厉，越是让人们的钱袋子变宽松，我们的社会在‘新元后’才会变得越强大、越友好。”他希望这场疫情大流行能够“彻底改变美国的文化或政治”。

确实，新冠肺炎疫情挑战了人类的健康，同时也挑战了人类的政治制度和文化理念。在这场挑战中，西方最引以为自豪的自由主义，从理念，到文化，到制度安排，到实践，都受到严峻挑战。

中国人崇尚自由和自律的统一、权利和责任的统一。这种重视责任的价值观，既是中国文化传统的延续，也是一种非常具有真正现代意义的精神。中国人尊重自己，也尊重他人，尊重生命，尊重科学。经过这次劫难后，我希望西方有识之士能够反省西方文化中许多极端化的倾向。从中国人的视角来看，个人权利至上的文化将无法适应未来社会的挑战。

第四，这次抗疫中，人类命运共同体作为一种价值观，得到了比较

好的体现，某种意义上，这是中国人责任价值观在国际交往中的体现。全球蔓延的疫情，以一种突如其来、更为直观的方式，让人们更加真实地感受到了各国命运休戚与共，紧密相连。疫情是人类共同的灾难，国际社会本就应该团结一致，共同应对。各国秉持人类命运共同体理念，一起来进行全球的合作抗疫，才是人间正道。但一些西方国家，特别是美国，不愿意承担国际责任，只想着美国优先，最后又退出世界卫生组织。自己战“疫”溃败，丝毫不反省自己的责任，而是急着“甩锅”，“甩锅”中国，“甩锅”世卫组织，“甩锅”媒体，“甩锅”各州州长，这样的治国理政水平不走衰也难。其实回头看，如果美国能够按照世卫组织的要求去做，疫情防控不会如此之溃败；如果能够按照中国标准去做，就可以做得更好。病毒没有国界，不分种族，是全人类面临的共同挑战，国际社会只有形成合力，才能战而胜之。

过去我们讲“构建人类命运共同体”，指的是我们要有一种努力的自觉，大家一起推动建立一个人类命运共同体。但这次疫情袭来，我们突然发觉，这个“人类命运共同体”或者说是某种“命运共同体”，已经变成一种客观的存在，一种自在的存在。习近平总书记在 2020 年 3 月 12 日同联合国秘书长古特雷斯通电话的时候讲了这么一番话，他说：“新冠肺炎疫情的发生再次表明，人类是一个休戚与共的命运共同体。在经济全球化时代，这样的重大突发事件不会是最后一次，各种传统安全和非传统安全问题，还会不断带来新的考验。国际社会必须树立人类命运共同体意识，守望相助，携手应对风险挑战，共建美好地球家园。”我认为“命运共同体”这种自在的存在感，可以成为我们构建人类命运共同体的一个宝贵基础。从长远的历史发展趋势来看，各国形成某种利益共同体、责任共同体，最终建立人类命运共同体，可能是一个正确的选择，是人间正道。

第五，这次抗疫过程中，“以人民为中心的现代性”在中国得到充分体现。可以说中国人从“以人民为中心”的理念出发，拥抱新工业革命，拥抱信息文明，某种意义上正在重新界定什么叫现代性。大家知道，在过去，现代性一直是西方的专利和特权，但随着中国模式得到越来越多的国际肯定，新的现代性开始涌现。5G、AI 算法、基因技术、整体信息化水平等，在中国都发挥了特别重要的作用。在这次全球最大规模的宅生活、宅工作中，中国人的体验完胜所有西方国家，而背后的原因就是中国这些年社会生活基础设施的整体信息化水平领先世界。中国是世界上唯一做到“一部手机，全部搞定”的国家。

“以人民为中心”，源于中国传统的民本思想，源于中国社会主义制度的本质特征。我们从绝大多数人民的利益出发，以信息文明的眼光来看待信息文明，而不是像许多西方国家那样，以工业文明的眼光来看待信息文明，我们认为信息文明是不可阻挡的历史大潮，我们需要顺势而为，趋利避害，在发展的过程中解决可能出现的各种问题，让工业革命最大限度地服务于人民。

世卫组织此次高度肯定中国的抗疫经验，认为我们创造了世界抗疫的新标准，这本身也隐含了对中国价值观的肯定。

一个 21 世纪的现代国家，它的政治制度，就是要具有迅速反应的能力、领导指挥的能力、综合协调的能力、社会动员的能力，否则它的国民就无法享受真正的、完整的自由和人权。同样，一个 21 世纪的现代国家，它信奉的价值观就应该包括“人的生命高于一切”，就应该是精诚团结、自由与自律的平衡，就应该相信人类命运共同体，相信“以人民为中心的现代性”，等等，否则就很难被看作是一个真正意义的现代国家。

中国已经和世界融为一体。我们向世界介绍中国，不能满足于各种分散的中国元素，如功夫、旗袍、绿茶、茉莉花等。这些很重要，但是不能分散地去谈论，我们要更注重整体的、深层次的、精神层面的、具有普遍意义的东西，特别是我们崇尚的一些价值观。

我讲过，中国人民在抗疫过程中体现出来的这些价值观，弥足珍贵。这些价值观背后都有源远流长的中华文化基因和强大的现代意义。我想它对整个人类精神文明来说，都是宝贵的贡献。这些中国人的价值观非常有利于我们摆脱长期以来许多西方价值观对国人的影响，解构西方所谓的道德优越感和价值观优越感，形成自己道德上的一种心胜，使我们不只是平视西方价值观，某种意义上还可以俯视西方价值观。这不是傲慢，而是实事求是。我们发自内心地认为，中国人这些价值观比西方人崇尚的许多价值观，更具有人性，更符合人类的整体利益。

为了便于对外交流，我所讲的这五种价值观，也可以用一些英文关键词来提炼一下。比方说，"生命至上"可以用英文"life"一词来提炼，"团结精神"可以用"unity"，"责任心"可以用"responsibility"，"命运共同体"可以用"one human community"，"以人民为中心的现代性"则是"people-centered modernity"。

中国人的叙事应该进入理念层次，文化精神作品要文以载道。这些中国价值观及其对人类的普遍意义，可以打动我们自己，也可以打动世界上很多人，成为中华文明对人类文明的宝贵贡献。当然，体现这些价值的文化产品和精神产品，一定要做得有品位，有温度，有国际视野，唯有如此才能达到比较好的效果。

我还有一种感觉，中国的这种心胜，很像是一次伟大的思想解放运动，就像 1978 年关于"实践是检验真理的唯一标准"的讨论，使我们摆脱了教条主义的束缚，开启了改革开放的大潮；就像 1992 年确立的"社会主义市场经济”使我们摆脱了发展理念上的紧箍咒，极大地解放了中国的生产力。今天中国人民通过战“疫”而获得的心胜，使西方世界、西方模式、西方话语在大多数国人心中走下了神坛，所以这场伟大的思想解放必将有力地推进中华民族走向世界经济和政治舞台的中央。我曾引用过俄罗斯学者的话，大意是我们作为一个国家单独承担了大的损失和牺牲，但我相信这种牺牲付出，全世界是看在眼里的。在这次疫情引发的大变局中，我们中国以超强的意志和决心承担了损失和牺牲，显示了作为大国的责任感。所以我觉得，在经历过 2020 年病毒的挑战和中国的胜利之后，中国模式和中国道路在世界上的威信、影响力会更高，中国的朋友会更多。

在战略层面，我们可以看出，现在也是西方整体实力走衰最快的时候，也是西方最不自信的时候。习近平主席在 2019 年曾经指出：“以西方国家为主导的全球治理体系出现变革迹象，但争夺全球治理和国际规则制定主导权的较量十分激烈。”回望过去，毛泽东主席在中华民族走向解放的关键时刻，从战略层面提出了“两种中国之命运”，今天，我认为我们有必要前瞻性地思考“两种世界之命运”，一种是只有利于少数国家、资本力量的世界及其制度安排，这个特点是零和游戏、极度自私和霸权主义，另一种是有利于最大多数国家和人民的世界及其制度安排，特点是以人民为中心，以人类命运共同体为方向，实现最大限度、最大程度的合作共赢。我们应该把握住这百年未有的大机遇，团结一切可以团结的力量，包括西方社会的积极力量，为后一种世界和世界秩序而奋斗。我们中国人今天的思考和抉择会影响整个世界的未来。

对话与讨论：中国在全球治理中的态度

中国移动 4G 81% 下午3:47

< 对方正在输入…

？

十九届四中全会提出，中国将会积极地参与到世界治理的改革和建设当中。我们将以什么样的状态，在命运共同体这个命题下，积极参与全球治理？

就我自己的观察，实际上中国现在在多边外交、国际组织外交方面，已经是前所未有的活跃，我觉得这个非常好。但还有一块我们真的可以做得更好，就是创建新的国际组织，而且可以考虑把总部建在中国。这可以是一个新的增长点，现在很多领域内，我们是领先世界的。比如说电子商务，我们远远地走在西方的前面；再比如基础设施，“一带一路”证明了中国庞大的基建能力。其中很多新的规则，世界上是没有的。这次世卫组织总干事谭德塞反复地讲，中国的经验实际上创造了一种新的标准。所以这也是咨政建言，我们可以考虑在中国建一些新的国际组织。

实际上世界上很多国家，希望国际组织建在中国。联合国总部就有人对我说，

中国移动 4G 81% 下午3:47

对方正在输入…

我们搬到中国去吧，美国老是使坏，这个人不给签证，那个人不能来。一位联合国官员跟我开玩笑地说，如果特朗普再干四年，说不定美国真要退出联合国，到时候中国要考虑接手呀。

?

我今年 11 岁，上小学四年级，我想问张教授您的偶像是谁？

我还真没想到会被问到这个问题。因为人往往是在非常年轻的时候特别容易有偶像，而我们年轻的时候跟现在完全不一样。如果我真的要讲一个的话，那就是周恩来，他当时是全民偶像。那时候提起“总理”两个字，指的就是周恩来。总理日理万机，超负荷工作，这也是他后来身体垮下来的原因之一。他去世的时候，我在上海的工厂，当时整个工厂，整个街道，乃至于公共汽车上，大家都在哭。那时大家真的觉得，国家大厦将倾，好像真的要出大问题，一下子担忧国家命运将会怎么样，这是我切身经历过的。总理确实有超凡的人格魅力。

周总理是个坚定的共产主义者，是个为理想奋不顾身、出生入死的斗士，同时

中国移动 4G 81% 下午3:47

对方正在输入…

他又具有超级成熟的心智，这是我非常敬佩的。当年的美国乒乓球队来北京人民大会堂，周恩来总理接见。乒乓球队员中有一个是当时的嬉皮士，他就问总理怎么看待嬉皮士。那个时候国内还非常封闭，这个问题听起来太“潮”了。总理回答得很有水平，大概是说，作为年轻人，我们都是这样过来的，会尝试各种各样新鲜的东西，但是记住一条，要贴近人民，祝你天天进步！就这样一个富有哲理的回答，非常令人折服。

代后记

在中国崛起的关键时刻，我们要话语纠偏

“中国人，你要自信。”“一出国，就爱国。”这两句话，要是放在十年前，恐怕还会有人嗤之以鼻。然而十年之后，这两句话成了很多人的口头禅。这背后都有一句潜台词：祖国强大了。最早说出这两句话的，是现任复旦大学中国研究院院长张维为教授。

从担任邓小平翻译，到出国读书，从东方到西方，张维为教授用自己的亲身经历，比较中西政治制度，探索中国模式的新表达，“呼吁中国人要自信，论证中国崛起的背后是五千年伟大文明，强调中国模式可与西方模式竞争”。

2019 年新中国成立 70 周年时，观察者网推出“70 周年 · 爱上中国”系列报道，专访了张维为教授。

（以下是观察者网刊发的访谈记录，作为本书的代后记。）

站在海外，重新认识中国

观察者网：张老师您好，虽然观察者网读者对您已经非常熟悉了，但首先还是想请您聊聊自己当年出国时的状况，比如您个人的生活状况、社会环境等。您当时出去是有什么机遇吗？出国后最大的震撼是什么？

张维为：我出国主要分成两部分。第一部分是我在念书，然后到外交部工作，以国内为基地的出国；第二部分是我到国外念书工作，以国外为基地，走访其他国家。我第一次出国是 1983 年，去泰国曼谷，到了那里我就震惊了，曼谷竟然可以这么发达。因为这对我们而言是很开眼的事，第一次看到超市，第一次看到高速公路，第一次看到商店能开到晚上九点。要知道当时北京最漂亮的商店是友谊商店，只有外宾可以进去买东西；还有一个很好的商店是王府井的工艺美术商店，现在还在。但到了曼谷后发现，这样的购物商场太多了。当时的直觉是曼谷比北京、上海领先二十年。我可以想象，1978 年邓小平接连出访泰国、马来西亚、新加坡、日本等国，一个比一个发达，这种震撼是中国拥抱改革开放的主要动力。跟国际比较，我们明显在现代化方面落伍了，必须奋发图强。

我在 1988 年离开外交部出国。当时联合国给了我一个合同，让我到联合国欧洲总部日内瓦做口译，但我自己的想法是能去念书，所以到了那边之后我就申请日内瓦大学国际问题高级研究院，并通过了考试，1988 年 10 月入学读硕士、博士。

从 1983 年夏天进外交部翻译室，开始给党和国家领导人做翻译，到

1988年离开，我在外交部工作将近五年，走了近30个国家。到了欧洲后，我就想，能不能走到100个，争取每年都有机会出去走走，比如到某地开会也好旅游也好，就顺便走一两个国家。这样慢慢积累，到2006年我就走了100多个国家。

观察者网：您到瑞士念书的经历，跟之前外交部的工作还是很不一样，到了欧洲，个人的感受应该也有所不同吧？

张维为：欧洲当然比泰国更加发达，那时我就在想什么时候中国才能赶上。但现在中国人到欧洲去看看，也就这么回事了，很多地方我们比他们更发达，特别是硬件、基础设施之类。我在外交部做翻译时，可以说正好是改革开放的黄金年代，每天都有很多新的创意、新的政策措施；给领导人做翻译时，他们谈的也都是改革开放，话题比例恐怕要占到一半以上，还有一半可能就是外交政策等。所以我对很多问题都特别感兴趣，利用读硕和读博这段时间认认真真思考。现在回头看，这就是在研究中国道路和中国模式了，但当时没有想到这么多。我把1978年改革开放开始到我1994年博士论文做完的这段期间，中国发生的大事件梳理一遍，包括发生了什么重大事件，意识形态领域内状况如何，主要采取什么政策，哪些方面回头看是对的，哪些方面则是出了问题的。从这个角度而言，我很早就谈中国模式、中国形成了自己的一整套做法和思路。

观察者网：您在瑞士读书时期，正好是改革开放的活跃期，站在国外回望中国时，有什么事情对您触动特别大，让您意识到国家的变化，想要回国或是重新认识中国？

张维为：回想20世纪80年代，我的整体感受就是中国活起来了，当时民间有个说法叫“十亿人民九亿商，还有一亿跑单帮”。过去因为“文革”的压抑，人们不能赚钱，赚钱是错误的事情。而那时人们突然发现，只要通过自己诚实的劳动，哪怕没日没夜干活都没人阻拦，虽然给人一种到处都比较乱的感觉，但社会氛围非常活跃。

就我个人来讲，印象比较深的就是上海的变化，因为我每年都会回来看看。邓小平在 1991 年说“一年一个样，三年大变样”，我真的亲眼见证了上海翻天覆地的变化。20 世纪 90 年代初又正好赶上我做博士论文，所以我对邓小平的讲话和思路进行了非常透彻的研究，我觉得这条路是走得通的。另一方面，我当时已经走了五六十个国家，很多是发展中国家，也有一些西方国家，比较下来发觉中国模式虽然不是十全十美，但经得起国际比较，我们的进步大且快。

观察者网：能分享一些具体事例吗？

张维为：我可以跟你讲一个例子，虽然不是我本人，但跟我的经历一模一样。当时日内瓦大学亚洲研究中心的秘书是一位比利时女士，她陪日内瓦的一个乐团到上海等几个中国城市巡演。回来后，她手舞足蹈地做手势跟我形容上海的变化，说太厉害，从来没有见过这样的发展，简直无法用语言来形容。那会儿上海正在建立高架，有的已经造好了，车子在上面开，整个城市非常立体化，相比之下欧洲是不变的。我三十年前去瑞士日内瓦，那时的地图到今天还可以用，没有什么变化，但上海乃至整个中国的变化是不得了，像复旦大学的规模已经是过去的三到四倍，变化太大了，这些都是可以感受到的。我曾举过一个例子，从 20 世纪 90 年代至今，中国越来越亮。过去在西方时，发现这些国家都好亮，城市灯光很炫，但现在全世界最亮的大概是中国。

观察者网：20 世纪 90 年代初，中央决定对上海浦东开发开放，这件大事的最终拍板肯定离不开邓小平。您过去做过邓小平的翻译，又亲身经历浦东开发的整个过程，您有些什么感触？

张维为：我最后给邓小平做翻译是 1987 年，浦东开发是 1990 年。我没有亲眼见证这一重大决定，但对于他的思路，我有一些了解，也蛮有感触。邓小平最后一次到上海是 1994 年春节，后来就没来过了。那时新锦江饭店建成不久，他登上锦江饭店楼顶的旋转餐厅，看到上海翻天覆地的变化，他说上海变了，非常高兴。从 1991 年提出“一年一个样，三年大变样”到 1994 年，正好三年，看到了上海的大变样，灯光灿烂，当然现在就更不一样了。

邓小平过去说过，如果改革开放中有什么失误的话，那就是上海开放晚了。这是可以理解的，因为在研究中国如何改革开放的进程中，大家都知道改革开放是有风险的，所以邓小平最初决定先在相对边缘的地方搞特区，比如深圳，即使出了问题也不会有太大影响。但上海是中国经济重镇，对国家财政的贡献大概高达五分之一，谁都担心万一出问题怎么办。所以，邓小平后来说，上海如果能更早一点开放会更好。但他也讲，晚开放有晚开放的好处，可以汲取别人的教训，做得更好。浦东经验是非常成功的，我们称之为“浦东模式”。浦东模式的经典之处是一张蓝图绘到底。迄今为止上海市政府换了这么多届，但这张蓝图没有任何变化，只是往深探索，整个发展规划早已做好了。这是中国成功的经典案例。

“敌视人民共和国的力量越过‘三八线’，我们要管”

观察者网： 确实，这跟您过去经常提到的中国政府的稳定性、制定长期规划并有效执行的观点很符合。那么，您在欧洲学习生活这么多年，最后选择回到国内是出于什么原因？

张维为： 我是一直想回来的，虽然在欧洲我生活得很好。我一直看好上海，上海毫无疑问是一个世界级城市，这一点我从来没有怀疑过。我当时见过上海老市长汪道涵，我有段时间做两岸关系，去台湾的次数比较多，回来后跟他聊过。他也跟我讲起当年邓小平对浦东开发的一些设想，我印象非常深。

我最终完全回上海定居是受到一些具体事情的触动，说起来和观察者网也有关系。如果没记错的话是 2010 年 4 月，在这之前我已经出了一本书《中国触动全球》，这本书初版做得并不是很好，但该看的人都看到了，包括现在大家熟悉的我们核心团队的成员，但那时我们之间还不认识。他们给我发邀请函说，张老师能不能到春秋研究院来做一次演讲？于是我就来了，也就认识了现在一起做事的核心团队。

当时我讲了一个观点，我认为中国崛起是一个精彩的故事，但随着互联网的兴起，网上几乎都是骂自己国家、骂中国模式的声音，令人担心至极。我觉得这是要出大问题的。有感于此，我讲了一个故事。我说，今年是 2010 年，是抗美援朝六十周年，当年周恩来总理跟印度大使有过一次谈话。当时中美没有外交关系，所以周总理请印度大使转告美国，如果美军越过三八线，我们要管。这句话掷地有声，印度大使后来还将此写在回忆录中。

我当时说，我个人认为敌视人民共和国的力量已经越过了“三八线”，我们要管，否则要出大问题。在座的另一位学者（他现在也是我们核心团队的成员之一）说，张老师，你的判断是对的，但我们在国内感觉这个状况比你讲得还要严重，不是越过“三八线”，而是已经打到“鸭绿江”边了。总之，当晚我们就一起吃饭一起商量，决定要做事情，要写书、办网站、办刊物，要通过自己的资源和力量来纠偏，完全是民间力量，没有任何官方指示。接着我就从欧洲回来了，另外还有从美国回来的、从新西兰回来的、从新加坡回来的，大家一起聚到上海做事情。慢慢地，刊物、著作、网站、视频等都做起来了，影响也越来越大。

我觉得一批有担当、有学识、真正做事业的人，在中国崛起的关键时刻，发出了自己应该发出的声音，总体看来还是起了一点积极作用的。我们最早提出了“中国人，你要自信”，我们反复论证讲中国崛起的背后是五千年的伟大文明，我们一直说中国模式虽有不足，但可以和美国模式竞争，一点都无须害怕。

2011 年，春秋研究院组织我和福山的辩论。你可以去回看一下当时的现场视频，一半人支持我，一半人反对我，支持福山，对立情绪非常厉害。我一讲完，一部分人为我鼓掌；福山讲完，另一部分人为他鼓掌。现在八九年过去了，现实证明我们对中国大势、世界大势的判断比西方学者更为准确，我觉得这是好事。前面提到的这段经历我过去没有公开说过。

观察者网： 所以其实让您决定回国定居，跟当时国内的整体形势是有关系的。

张维为：有一个情况是，我突然发觉，过去一直以英文写作为主虽然也产生影响，但用中文写作时受众多百倍不止。我还在日内瓦时开了一个博客，把《中国触动全球》中的一篇《别了，南斯拉夫》放到博客上，是我走访南斯拉夫的整体观感和思考。没几天，文章跟帖就达到三四千，这种影响在国外是不可能的。我感觉到要近距离跟读者互动、讨论。当然，关键是这一批人，大家都觉得这个时候应该回国做事。

浦东模式是中国成功的经典案例

观察者网：您前面提到不少在上海的经历，您出生在上海，对这座城市经历的变革是否有着更特殊的看法？如今站在新中国成立 70 周年之际，您最想对其诉诸的情感是什么？之前一个有意思的说法是，您主讲的《这就是中国》这档节目敲定在上海东方卫视录制，后来央视也找过您，但您最后还是决定留在上海，这是否有什么考虑？

张维为：《这就是中国》的节目是东方卫视主动来找我，我过去在央视也做过一些节目。毫无疑问，这两个平台都非常好，如果说有什么差别的话，东方卫视作为地方卫视，总体上灵活性更大一点，比如在东方卫视我们可以调侃一下印度、调侃一下特朗普，但在央视就很难做。所以我决定做这个节目。当时我说，最后由谁来拍板，这个最关键，拍板的人要认同中国道路、中国模式、中国理念、中国话语。东方卫视对此做了安排。做节目有时也要磨合，这很自然。有些观点大家会有争议，但关键是我们坚持一个很重要的原则，就是讲真话。我们坚持真实的观众、真实的问题、原创性的话语、原创性的形式，最后效果非常好。

观察者网和读者都理解，这是一个快速变化的时代，人们有很多困惑、很多问题，就像这几个月的香港问题，前两天沙特油井遭无人机轰炸，中美贸易战持续一年有余等各种各样的问题。这些问题影响着每个人的生活，普通老百姓困惑，年轻人困惑，甚至党政干部也有困惑，所以我们觉得要把自己的研究、真正的思考拿出来跟大家分享。我想，我们这个做法是对的，我们的方法是打话语组合拳——学术话语、大众话语与国际话语的组合拳。这跟官方话语不完全一样，官方话语很重要，但因为西方话语对中国的围剿包括学术话语、大众话语和国际话语，所以我们必须也要有对应，这样才能很好地传播。我们做了尝试，观察者网其实也是如此，是三种话语的组合拳，读者就喜欢看。显然这个尝试是成功的。

观察者网： 今天我们谈论新中国成立 70 周年肯定脱离不了上海。上海是一个非常有意思的地方，正如前面提到的为什么改革开放最早不是在上海，可能跟它承担很多国家责任有关，大量国企扎根上海，尤其今天上海又承接新的国家战略等，这是上海自身的努力所抓到的机遇，还是国家必须将此赋予上海？您对上海在改革开放 40 周年之际的新任务和新试验有何看法？

张维为： 上海一直是中国经济重镇，中央对上海的定位非常明确：经济中心、金融中心、航运中心、贸易中心。现在上海开展的一些改革开放试验，特别是开放层面的试验，都在上海先行先试，像自贸区、沪伦通、进博会等，都是沿着这个思路一步步升华。当然，这也跟上海自身的发展有关，换句话说，上海再进一步发展，它的目标在哪里？中国模式有个很好的地方，就是每隔一段时间就会提出更高的目标，让你去努力实现。

上海的整个发展过程，进步非常之快，我当时出版的那本书《中国震撼》，实际上不少内容是在讲上海震撼。上海有做得好的地方，但很快也会遇到一些自己的问题，比如国企改革等。好在中央做过大量调研后，对上海提出的很多目标，上海总体上完成得不错，中央也比较满意，所以愿意把很多试验放在上海。

以自贸区为例，它已经不是过去简单的开放。开放的大背景是在发生变化的。十八大之前总体是以吸引外资、出口导向为主，大多是工业和商业。现在的开放，明显就是全方位开放，不仅吸引外资，还要中国资本走出去。从过去五年为尺度来看，实际上走出去的资金比吸引进来的还要多一些，过去是以出口为主，现在进口大幅增加，改善人民生活水平，而且增加进口也有其他好处，其中一个就是人民币可以走出去，取得定价权。

过去的一些自贸新区更多的是贸易便利化，现在则是贸易自由化，因此在设计上不光是货物流，还有服务流、资金流、人员流，这些方面都在上海自贸区进行新的试验。中央对上海的要求是能提供一些可复制的经验，所以自贸区很快推广到各个地方，比如“一口受理”，一个地方办理各种各样的事情，加快办证速度；再比如负面清单制度、注册制，过去很多需要审批、审核的现在改为注册制，以加强事中事后监管为主等。总体而言，这些试验还是比较成功的。最近临港新区相当于是过去自贸新片区的扩大，有了更多新功能，像先进制造业、金融中心的新服务项目。甚至不久前，我还看到上海建航运中心涉及不少争端解决机制。所以设立海事法庭，也会在新片区实践。总之，上海有很多新任务都在试验。

观察者网：不过，外界对于这些新试验也都抱着诚惶诚恐的态度，不确定今后走向如何，也不知道上海经验能否在别处被复制。

张维为：对的，我想恐怕其中很重要的一个担忧是金融，其他方面我都不太担心。上海能否建成一个具有国际竞争力的金融中心？有些紧张。港交所有意向收购伦交所，但伦交所的回应中没有任何意向，还称谈合作的话更愿意和上交所合作。这说明他们更看重能直接与大陆打交道，也证明上海这些年在金融改革方面的进步。上海背后是整个长三角，腹地非常大，再加上今年科创板在上海启动，国务院副总理刘鹤、证监会主席易会满、银保监会主席郭树清都在上海做了重要讲话，提振信心。

我们仔细看上海这些年的变化，中央还是比较满意的。研发的投入占上海 GDP 的比例已绝对超过一般的西方国家，超过 OECD（经济合作与发展组织）成员。这标志着上海经济驱动力已经不是纯粹靠一般投资，而是靠研发投资，靠新经济。这也是给中国其他地方带头，看能否在新发展理念、整体经济结构调整方面发挥引领作用。

中国崛起走到这个阶段，什么问题都不能回避

观察者网：您前面多次提到要将中国模式作为参照物，新中国 70 年发展之路上，中国共产党无疑发挥了巨大作用，您能否概括一下中国共产党在复兴之路上所扮演的角色，以及在今后更漫长的历史奋斗中还需做出的自我革新？

张维为：中国共产党最大的特点是，它并非西方意义上的政党。西

方意义上的政党是部分利益党，仅代表某个社会阶层、某一个社会的一部分力量或一部分利益。通过票决制竞争，你 51 比 49 就赢了，也就是所谓的法治。但这种政治游戏在中国的国情下难以适应，因为中国是个超大型的国家，人口规模相当于一百个欧洲国家的人口总和，传统就是统一的执政集团。所以中国共产党是统一的整体利益党，我觉得这是最关键之处，跟西方政党完全不一样。整体利益党是“使命党”，它对国家、对文明的终极命运负责。比如韩国的一个政党、中国台湾地区的某个政党，它们不需要负任何终极责任，不负任何终极责任。但中国共产党的每一个决策，尤其是重大决策，不能犯颠覆性的错误。

毛主席过去说，五六十年要赶上美国，否则要开除国籍；邓小平说要分三步走，一直规划到 2050 年；习主席提出“两个一百年”，所以只有整体利益党、一个文明型国家的政治力量，才会这样来规划，因为它对自己文明的复兴负终极责任。

更可贵的是，在这种长期的过程中，我们一直都在讲改革。值得骄傲的是，中国是全世界的改革专家。过去四十年我们是改革加开放，两者有机结合、相辅相成。其实，多数国家是没有改革能力的，因为它们没有代表人民整体利益的政治力量，这是最关键的。但我们一直与时俱进，不停地改革是为了让自己的工作能做得更好。世界变化太快，要适应这个变化，包括在大学、在各个机构。你会发现一方面进步很快，但另一方面有很多问题，这些问题要怎么解决？就是靠改革。

观察者网：改革开放初期，中国主要是向西方学习。2008 年奥运会之后，似乎越来越多的中国人开始自信起来，总结中国模式。您怎么看这种国家心态的转变？背后的原因是什么？

张维为：这是很正常的，一个国家以这样的规模崛起，在人类历史上都是罕见的。我经常讲这是集四次工业革命为一体的崛起，每隔十来年就是一场工业革命，30 岁或是 30 岁以上的人在中国几乎全程亲眼见证了什么叫农业文明、什么叫工业文明、什么叫信息文明。现在在信息文明方面，我们是走在世界最前列的，一部手机可以全部搞定。这样的变化给中国带来了巨大的自信心，这在过去是没有过的。虽然还有一些公知天天骂自己的国家，但他们的影响力在迅速减弱。另外，这次香港局势又给大家上了一堂史诗般的道路自信、爱国主义的思政课，效果很好。

观察者网：是不是可以这样理解，就是原本可能存在这样的声音，但起初他们不知道如何去发声，受到压抑，当有了一个平台或是看到像您这样的一批人在做这样的事情后，突然发现自己想表达的情感被讲出来了。

张维为：这背后其实是时代的潮流在推着你往前走。像观察者网我们这批人的声音，得到越来越多的人的理解甚至是呼应，应该说越来越成为主流的声音。比如，我现在做《这就是中国》节目，很多年轻人追剧，我们没想到这些小孩子看了之后在 B 站给我们打 9.7 分。节目的很多观众是“90 后”，这证明了他们有很多困惑，当你真诚地对待他们的问题，实事求是地回应他们的关切，给他们有温度、有质量的作品，他们会非常喜欢。

观察者网：有时候我们也开玩笑说，张老师做了这个节目之后好像“出圈”了。有一些过去不熟悉的、没有任何交集的观众、读者也在看，年龄层跨度很大。您通过写书、写博客、开讲座、做节目等各种方式与社会各界有志之士共同为中国话语建设努力。回顾并展望中国话语构建，您有什么感想和评价？对如今市面上各类中国话语，有什么看法？

张维为：这说明时代呼唤思想，呼唤有质量有温度的精神产品。我们太需要把中国的一切说清楚，因为中国崛起已经走到了这个阶段之后，就会发觉我们什么问题都不能回避。很多问题我们要开宗明义地讨论，开放式提问，什么问题都可以讨论，你要说“修宪”，我给你讲“修宪”；你想谈“文革”，我们就讨论“文革”；你要讲“言论自由、网络自由”，我就和你探讨这些自由，什么都不回避。我觉得中国到了这个阶段，一定要把这些问题透彻地说清楚，这也就是我们正在做的事情。

就目前来看，我们在解构西方话语方面的成绩很大，特别是在政治学和政治领域，坦白说我们已经基本解构完毕，随时可以亮剑，无须做准备。无论是哈佛大学耶鲁大学斯坦福大学还是国内公知，我们都可以辩论，讲道理。相比之下，建构方面虽然也做了很多努力，也蛮有成就感，但还有很多的事要做。因为解构相对容易，你把它存在的种种问题说出来就可以了，但建构需要更多努力和精力。

观察者网：此前外界有一种观点是，我们应该从怎样讲好中国故事，慢慢发展为怎样讲好中国观点。如何在国际上表达我们的观点、主张，甚至设置规则的声音，您认为在这方面我们还应有什么作为？

张维为：笼统地说，我把这些都归在中国话语里面，包括中国观点、中国标准、中国认知等。这些话语建构也正在慢慢起来，但真正高质量的还不是特别多。以中国标准为例，这个标准不仅要能用来讨论中国问题，也可以用来讨论世界的问题。我们现在也在做这方面的努力，比如说“实事求是”的中国概念，它既可以讲中国，也可以讲西方，可以比较；再比如选贤任能，你可以就此建立一个指标体系等。

因为中国于 2020 年完成扶贫，消除极端贫困，我就想到美国的贫困问题，我们用中国的标准来看看美国的贫困问题。根据联合国报告，按美国的标准，美国有 4000 万人处于贫困状态，其中 530 万是赤贫。这 530 万人即便按第三世界国家标准，也是严重贫困人口。如果以人口比例来看，中国人口是美国的四倍，美国 530 万赤贫放到中国可能就相当于 2500 万。这个问题提出来之后，我们就要研究这到底是怎么回事、严重到什么程度。联合国已经出了一份报告，我们研究报告的原文，了解许多具体情况。这其实就是尝试一下能否用中国标准把西方的问题分析得非常清楚，这是中国话语建构的一部分。

放眼国际，我们心态可以更平和一些

观察者网：中国走到这个阶段，从“中国崩溃论”到“中国威胁论”，再到重新审视中国的国际角色，外界的认识也在不断变化，但总有抹不去的偏见和傲慢。我们该如何对外解释新中国 70 年的改革和发展？西方能听懂吗？

张维为：从我个人的视角来看，我们的话语研究成果是外部世界可以看懂听懂的。我们的概念是国际化的概念，这些工作是很有意义的。我们提出的一些概念，西方社会现在也开始理解和接受。“阿拉伯之冬”这个概念是我自己创造并第一次使用的，现在大家全都接受了。他们知不知道这个概念是张维为创造的，没关系，但只要他们开始用这个概念，他们对整个问题的理解就比较深入了。再比如“文明型国家”的概念，很多西方学者也都逐渐接受了，只是他们接受的和我解释的不完全一样，他们理解的范畴更大了，印度、土耳其、俄罗斯都说自己是文明型国家。

但背后的理念是指出，每个国家都有自己的特点，并不是西方推崇的都要走西方这条路，这是最关键的，这一点认知很重要。大家都这么做的话，我们可以在更好的基础上对话。我提出“良政和劣政应该代替民主和专制”，接受的人也多起来了。所以，只要你认认真真地投入，切合这个世界的真实需求、真实状况，就会逐步产生影响力。我希望有更多的学者来做这件事情。这个世界太需要中国人的智慧，通过中国人的分析和观点把世界上的事情说清楚。

观察者网：您提到这一点，我想起了一个细节，您在演讲时提到一个中国概念时，经常会把对应的英文表述也告诉大家。

张维为：对，中国话语要走出去的话，现阶段确实需要外语，通过各种媒介把它表述出去。

观察者网：其实类似的想法，在一些国外“知华”学者中也有。比如傅高义，他在回应日本经历泡沫经济破裂后的社会状况时曾提出，日本缺少有智慧、有能力、有勇气，且能在国际场合用外语准确表述自己主张的政治家和学者，事实上我觉得这个观点即便是放在当下的中国也是讲得通的。

张维为：是的，我因为长期在国外生活，长期跟西方各种各样的观点亮剑交锋。有些观点之所以比较有战斗力，也跟这个有关系，因为本来就是在辩论和交锋中产生的。我经常说，提什么问题都可以，越尖锐越好，我做任何讲座都坚持一条，一定要有互动，这是发自内心的自信。一切在于国际比较，当然我也不是说中国已经做得好到天上去了，我们有自己的问题，但将过去数十年中进行跨国比较，中国无疑是全世界最成功的国家。

放眼整个国际，对中国的误解还是很多。本质上讲，我们可以继续努力，但我们心态应该放得平和一点。西方社会因为自身的宗教传统和意识形态传统，要想让它完全接受我们的观点是很难的，你再怎么努力，到了这个限制就跟过不去的坎一样。但同时，我也认为西方是最承认实力的。如果它最后觉得“哇，你就是这样”，它没有办法了，那么即使不理解也只能接受你。就像中美贸易战，不要害怕，美国将输掉这场贸易战。美国人有一个特点，英文叫“If I can't beat you，I join you”，中文是“如果不能打败你，我就加入你”。美国是个商业民族，这是刻在基因里的文化，你比它弱，它就拼命欺负你，一旦发觉斗不过你，它就加入你，跟着你走。

观察者网：您讲了这么多关于自己、国家这些年来走过的路程，最后请您总结一下新中国 70 年发展能为全球治理提供什么重要借鉴，尤其是当下自由主义多元化与保守主义对抗零和之间的角力？当然也要请您展望今后的中国。

张维为：这个题目有点太大了，我就简单总结一下自己的感受。新中国前 30 年，是三十而立，最大的特点是奠定了基本的政治制度，包括人民代表大会制度、政治协商制度、基本经济制度等。随着中国的成功，我们发现这些政治制度非常重要，并不断完善。此外还奠定了基础的工业体系，虽然是初步的，还进行大量社会革命，妇女解放、土地改革和基础教育的普及，这都是前 30 年做的事情。如果没有建立这一系列独立的体系，就没有后 40 年的崛起。

但是我们要承认，40 年前依照国际标准来看，中国是一个穷国，全国人均 GDP 低于非洲。一直到 20 世纪 70 年代，我们讲“结婚三大件”，就是缝纫机、手表和自行车，缝纫机就是为了补衣服，“新三年，旧三年，缝缝补补又三年”。整体生活水平还比较低。我在 20 世纪 80 年代初去曼谷也好，去非洲也好，很多国家的首都都比北京更现代化。从 1978 年改革开放开始，我称之为“四十而不惑”，经过 40 年时间，一次接一次工业革命之后，中国找到自己成功的道路，真的可以做到一览众山小。

我一直讲，今天我们用中国制度、模式和道路来看西方，甚至看香港地区，它们的问题在哪里？我们自己当然也有不足，但我们一直在改革，可以通过改革解决。在 70 年历史新的起点上，中国可以非常自信，不是说我们好到天上去了，但是我们做到了别人做不到的很多壮举。中国是全世界最大的经济体（根据购买力平价），创造了世界最大的中产阶层，成为世界最大的外汇储备国，向全世界输出最多的游客，关键还有世界最大的有产阶层，这是过去难以想象的。所以，中国故事真的非常精彩。

致谢

大约半年前，东方出版社黄娟主任告诉我，许多年轻人喜欢我的思考和文字，她安排编辑从我这些年的文稿中精选了这些文字成册，还配上了精美的插图，令人感佩之至。谨在此向黄娟女士和责任编辑郭建霞诚致谢意！谨以这篇介绍自己研究中国道路历程的访谈作为本书的代后记，并向所有关注中国道路和中国话语的读者，特别是青少年读者亲切致意！让我们与迈入新百年的新中国同行，一起迈向世界舞台的中央！

张维为

2020 年 10 月 30 日于淀山湖畔